Der perfekte Haushalt

Hinweis

Die in diesem Buch veröffentlichten Informationen und Ratschläge wurden von Autorin und Verlag sorgfältig erarbeitet und geprüft, dennoch kann eine Garantie nicht übernommen werden. Bei der Nutzung und Handhabung von Reinigungsmitteln, Materialien und technischen Geräten sind Anleitungen der Hersteller vorrangig. Die Arbeitsanweisungen in diesem Buch entbinden nicht von der individuellen Umsichts- und Sorgfaltspflicht. Alle Angaben in diesem Buch erfolgen ohne jegliche Gewährleistung. Eine Haftung der Autorin bzw. des Verlages und seiner Beauftragten für Personen-, Sach- und Vermögensschäden ist ausgeschlossen.

Der perfekte Haushalt

Tipps und Tricks für mehr Zeit im Leben

Das viel zitierte „bisschen Haushalt" kostet – von Naturtalenten und ausgewiesenen Profis einmal abgesehen – die meisten von uns viel Zeit und jede Menge Nerven. Das muss nicht sein. Wie es auch anders geht, erfahren Sie auf den Seiten dieses Buches. Neben den Basisregeln für effizientes Putzen und Aufräumen sowie ein wirksames Einkaufs-, Wasch- und Organisationsmanagement für Ihren Haushalt finden Sie darin wertvolle Profitipps, Anregungen für ein umweltbewusstes Haushalten und Hilfen für diverse Notfälle, die einem im Haushaltsalltag begegnen können.

Doch keine Angst: Um Ihr Heim in einen Zustand zu bringen, den Sie ganz persönlich als perfekt empfinden, ist es keinesfalls nötig, alle beschriebenen Strategien, Verfahren und Tipps vollständig buchstabengetreu in die Tat umzusetzen. Verfahren Sie sich lieber nach dem Pareto-Prinzip, auch bekannt als „80-20-Regel". Der italienische Ökonom und Soziologe Vilfredo Pareto hat entdeckt, dass sich mit 20 % des Arbeitsaufwandes 80 % eines anvisierten Ergebnisses erzielen lassen. Für Ihr ganz persönliches Haushaltsprojekt ist das doch eine ermutigende Perspektive, oder? Überlegen Sie sich also, wie zufrieden Sie mit dem aktuellen Stand Ihrer Haushaltsführung sind und was Sie erreichen wollen – und zwar ohne sich dabei von wirklichkeitsfernen Zielen leiten zu lassen –, und suchen Sie sich dann aus den Vorschlägen, Ausführungen und Tipps genau die heraus, die Sie benötigen, um Ihr Wunschergebnis zu erreichen. Seien Sie vor allem nicht zu streng mit sich: Anstatt sich im Detail zu verlieren, um die „objektive" Perfektion, Ordnung oder Organisation zu erreichen, freuen Sie sich lieber über das Erreichte und wenden Sie sich frohgemut Unterhaltsamerem als der Haushaltsführung zu.

Doch auch all denen, die partout ein hundertprozentiges Ergebnis anstreben, das auch den Augen der penibelsten Schwiegermutter standhält, bieten die folgenden Seiten reichlich Anregungen dafür, was man mit der gewonnenen Zeit im Haushalt noch sinnvoll anstellen kann.

Wir wünschen Ihnen viel Spaß mit diesem Buch und Ihrem Haushalt!

Aufräumen

Was ist Ordnung?

Eine persönliche Angelegenheit

Die „perfekte" Ordnung, die immer und überall als Maßstab gelten könnte, gibt es schlicht nicht. Wie viel Aufgeräumtheit wir brauchen, um uns in unseren eigenen vier Wänden wohlzufühlen, ist abhängig von unseren individuellen Bedürfnissen, Ansprüchen und Vorlieben. Während der eine es nüchtern mag und alles in Schränken und Schubladen verschwinden lässt, schätzt der andere eine Umgebung, in der auch Spuren des Alltagslebens zu erkennen sind. Ziel des Aufräumens ist es, eine Umgebung zu schaffen, in der man gern lebt, wohnt, isst, arbeitet und schläft.

EIGENE MASSSTÄBE SETZEN Wer sich vorgenommen hat, die Ordnung in seinem Haushalt zu optimieren oder dem ewigen Durcheinander den Kampf anzusagen, sollte sich zunächst einmal fragen, welche konkreten Ziele er eigentlich anstrebt. Die Chaostoleranz des gemeinen Teenagers ist vermutlich deutlich höher als die professioneller Hauswirtschafterinnen, und wer viel Zeit im eigenen Heim verbringt und dort sein Geld verdient, verfolgt aller Wahrscheinlichkeit andere Organisationsprinzipien als jemand, der zu Hause „nur" seine Freizeit genießt. Die Crux dabei ist allerdings, dass im durchschnittlichen Mehrpersonenhaushalt meist die verschiedensten Ordnungstypen zusammenfinden, und deren unterschiedliche Bedürfnisse und Gewohnheiten müssen erst mal ermittelt und dann auf einen gemeinsamen Nenner gebracht werden.

UNORDNUNG ODER CHAOS? Am Anfang des Großprojekts „dauerhaft Ordnung schaffen" sollte eine ehrliche Analyse des Zustands in Ihrem Haushalt stehen. Hand aufs Herz: Ist es bei Ihnen schlicht ziemlich unaufgeräumt, oder herrscht ein haltloses Chaos? Sie fragen sich, wo der Unterschied zwischen beidem liegt? Ganz einfach: Bei Unordnung ist nichts an seinem Platz, bei Chaos hat nichts einen Platz. Oberflächlich betrachtet können sich eine unaufgeräumte und eine chaotische Wohnung sehr ähnlich sein. Wo der Unterschied liegt, wird klar, wenn man sich an die Arbeit macht: Unordnung lässt sich beseitigen, indem man einfach alles, was herrenlos herumliegt, wieder dorthin trägt, wo es hingehört – und im Idealfall kennen alle Mitglieder des Haushalts diesen Platz.

Wer versucht, des Chaos Herr zu werden, steht im Juli mit den Wintermänteln in der Hand im Wohnzimmer und fragt sich, wo er die verschwinden lassen soll – und wirft sie bis zur nächsten Aufräumaktion erst mal im Gästezimmer aufs Bett, bis sich Besuch ankündigt und er wieder vor dem gleichen Problem steht.

SCHLECHTE ORDNUNGSHÜTER Viele Menschen kämpfen gegen eine chronische Dauerunordnung, die permanenter Gast im eigenen Heim ist: Kaum hat man etwas an seinen angestammten Platz geräumt, liegt es am nächsten Tag schon wieder herum. Das kann daran liegen, dass die Infrastrukturen, die zum „Parken" der verschiedensten Gegenstände vorgesehen sind – Schränke, Regalsysteme, Schubladen, Kisten und dergleichen mehr –

einfach unpraktisch oder schlecht organisiert sind und darum von den meisten Haushaltsmitgliedern nur widerwillig oder auch gar nicht genutzt werden. Oft braucht es nur ein paar Handgriffe oder eine kleinere Umräumaktion, damit die typischen „Streuner" regelmäßig wieder an ihrem Platz landen.

CHAOSKÖNIGE Chaos, so erklärt es der Duden, bedeutet „Abwesenheit, Auflösung aller Ordnung". Wer sich mit diesem Problem konfrontiert sieht, hat einen etwas längeren Weg vor sich. Hat man einmal den Entschluss gefasst, dem großen Durcheinander ein Ende zu machen, muss man die Dinge nicht einfach nur „nach Hause" tragen, sondern ihnen erst einmal ein Zuhause geben. Mit anderen Worten: Sie müssen Ordnungsstrukturen schaffen. Das braucht seine Zeit – aber nicht Ihre gesamte. Rom wurde schließlich auch nicht an einem Tag erbaut. Ist der Anfang einmal gemacht, werden Sie sehen, wie schnell sich erste Erfolge einstellen. Trotzdem lohnt es sich, sich auch einmal zu fragen, warum man eigentlich so chaotisch ist.

Wie sieht's denn bei Ihnen aus?

Sie führen seit Jahr und Tag einen zähen Kampf gegen das Chaos und ein Ende der Schlacht ist noch immer nicht absehbar? Dann kennen Sie Ihren Feind wahrscheinlich einfach nicht gut genug. Halten Sie innere Einkehr und forschen Sie nach den Ursachen des Chaos-Problems. Höchstwahrscheinlich werden Sie in sich eines der im Folgenden beschriebenen Merkmale entdecken – oder auch eine Kombination der verschiedenen Charakteristika. Wenn Sie diesen Schritt getan haben, wird Ihnen die Problemlösung sicher leichter fallen.

SAMMLERNATUREN Diesen Chaos-Typus erkennt man daran, dass er einfach alles zusammenträgt und aufbewahrt, was man unter Umständen eines Tages noch einmal brauchen könnte – von alten Drahtkleiderbügeln vom Sperrmüll bis zu unübersichtlichen Knäueln von Haushaltsgummi, die einmal Kräuter und Blumen vom Markt zusammengehalten haben und im jahrelangen Warten auf ihre weitere Verwendung schon ganz mürbe geworden sind. Im Keller türmen sich defekte Haushaltsgeräte vom Toaster bis zum Fernseher, die auf Reparatur warten, auf dem Speicher stapeln sich ganze Jahrgänge der verschiedensten Zeitschriften. Hinter diesem Drang zum Anhäufen steckt nicht selten die Angst, genau das wegzuwerfen, was man im nächsten Augenblick gut gebrauchen könnte – und was es dann nicht mehr gibt oder vielleicht auch unbezahlbar geworden ist. Für den Sammler ist der erste Schritt in ein chaosfreies Leben, sich klarzumachen, dass man fast alles wiederbeschaffen kann, ohne dabei arm zu werden: Bei Haushaltsauflösungen gibt es intakte

Küchengeräte zu kleinen Preisen, alte Zeitungsberichte sind in den Archiven der Verlage heute kostenlos oder gegen ein geringes Entgelt online einzusehen oder auch in der Bibliothek zu haben, und Haushaltsgummis sind ein echter Centartikel ...

BEWAHRER Bewahrer sind den Sammlern eng verwandt. Sie werfen nichts weg, was auch nur im Entferntesten von nostalgischem Wert sein könnte. In ihren Schränken finden sich bergeweise alte Schulhefte, Kinderzeichnungen, Sammeltassen, alte Ansichtskarten, entwertete Eintrittskarten, Trockenblumensträuße und Reiseandenken – und meist sogar so viele, dass sie gar nicht mehr wissen, wo eigentlich was ist und woran es sie erinnern soll. Genau darum empfiehlt sich hier die Strategie „Klasse statt Masse" – bewahren Sie nur die schönsten Kinderkunstwerke auf, kleben Sie die besten Fotos in ein Album und sortieren Sie den Rest aus, verschenken Sie Geschirr, dass zwar Ihrer Tante gefallen hat, aber zu Ihnen so gar nicht passt, und trennen Sie sich von Briefen, die Sie nie wieder lesen werden. Sie werden sich befreit fühlen.

PERFEKTIONISTEN Diese Spezies fängt erst gar nicht an aufzuräumen, wenn die Gefahr besteht, dass das Ergebnis nicht 100-prozentig gelingen könnte. Perfektionisten verabscheuen halbe Sachen. Der Gedanke, in einem chaotischen Schrank nur eine Schublade aufzuräumen, statt Ordnung in allen Fächern zu machen, ist ihnen ein Gräuel – und so lassen sie es lieber gleich bleiben und leben in Erwartung des fernen Tages X, an dem sie Zeit finden werden, sich dem Gesamtprojekt ausführlich zu widmen. Über dieses Warten schlägt das Chaos weiter erbarmungslos zu. Perfektionisten müssen lernen, dass man schon mit vergleichsweise geringem Aufwand Ergebnisse erzielen kann, mit denen es sich gut leben lässt. Verfeinerungen können durchaus warten – notfalls probieren Sie's aus.

AUFSCHIEBER Dieser Chaos-Typ hat es gelernt, die von ihm eröffneten Baustellen in seinem Haushalt mehr oder weniger elegant zu umschiffen. Aufschieber legen unbezahlte Rechnungen und unbeantwortete oder ungeöffnete Korrespondenz häufig irgendwo mit dem vagen Plan ab, sich darum zu kümmern – um von diesem Moment an konsequent darüber hinwegzublicken. Ihre angefangenen Bastel- und Reparaturarbeiten finden sich auf dem Wohnzimmertisch, im Hobbykeller und auf dem

Speicher. Spricht man sie darauf an, versichern sie, so bald wie möglich daran weiterzuarbeiten – wenn sie mehr Zeit, Energie oder Muße haben (woran sie zumindest einen winzigen Augenblick lang fest glauben). In dieser Hinsicht sind sie den Perfektionisten nicht ganz unähnlich, doch haben sie sich einmal aufgerafft, sind sie in der Lage, ihre Projekte relativ schnell zu einem guten Ende zu bringen. Sollten Sie sich in dieser Gruppe wiedererkennen, wird es Ihnen helfen, sich für Ihre angefangenen Arbeiten Fristen zu setzen. Verstreicht der Termin, wird das Projekt mit allen Konsequenzen gestrichen.

Nur keine Trennungsängste

Wer einmal angefangen hat, im großen Stil aufzuräumen und das Übel an der Wurzel zu bekämpfen, wird sich wundern, was er dabei alles findet. Kein Wunder, denn der moderne Mensch besitzt nach Expertenschätzungen rund 10.000 Gegenstände – und damit jede Menge Sachen, die er nicht braucht, auch „Krempel" genannt. Und von dem müssen Sie sich verabschieden, sonst wird das Chaos weiter über Sie herrschen und nicht umgekehrt.

AUS DEN AUGEN, AUS DEM SINN Besitz belastet, und zwar nicht nur Ihr Zuhause, sondern auch Ihre Psyche. Ob es der Stapel ungelesener Tageszeitungen in der Küche ist, der auf Durch-

sicht wartet, oder die Flickwäsche im Gästezimmer, die Sie schon seit Jahren ausbessern wollten – solche Baustellen aus der Vergangenheit sind reale wie mentale Hindernisse. Sie stehen buchstäblich im Weg und erinnern Sie permanent daran, dass Sie Ihre vermeintlichen Pflichten nicht erfüllt haben. Damit verstellen sie Ihnen den Blick auf neue Möglichkeiten. Machen Sie sich klar, dass es lediglich Ihre eigenen Erwartungen sind, an denen Sie hier scheitern. Niemand verlangt von Ihnen, eine alte (!) Tageszeitung zu lesen, und Flickwäsche kann man auch zum Schneider geben. Schaffen Sie Platz in Ihrem Kopf und Ihrem Zuhause und werfen Sie den Krempel über Bord.

KEINE FALSCHEN SENTIMENTALITÄTEN Machen Sie Ihr Heim nicht zum Museum. Ihre heiß geliebte verstorbene Tante wird es Ihnen verzeihen, wenn Sie sich von ihrem alten Pelzmantel trennen, den Sie weder tragen noch mögen. Lebendig bleibt die Erinnerung an Vergangenes in Dingen, die wir auch benutzen. Trennen Sie sich von Erbstücken von zweifelhaftem praktischem und ästhetischem Wert. Seien Sie auch kritisch mit Reliquien aus der eigenen Vergangenheit: Entsorgen Sie Studienunterlagen, in die Sie nie wieder reinschauen werden (also alle). Geben Sie Ihre Stofftiersammlung aus der Kinderzeit zur Adoption frei und behalten Sie nur Ihr erklärtes Lieblingsstück. Verabschieden Sie sich von Fehlkäufen: Das Geld, das Sie für den pinkfarbenen Angorapullover ausgegeben haben, kommt nicht zurück, wenn er Ihren Schrank blockiert. Keine Scheu auch im Umgang mit misslungenen Geschenken: Das Ende ihres Daseins in Ihrem Haushalt bedeutet nicht das Ende der Freundschaft mit den Schenkenden.

TRUGSCHLÜSSE Wer sammelt und aufbewahrt, hält sich gern für sparsam und für alle Eventualitäten des Lebens gerüstet. Doch erfahrungsgemäß ist genau das Gegenteil der Fall: Gerade Hamsterer haben die Neigung, Geld für Unnötiges auszugeben, weil es günstig ist. Und diese nutzlosen Dinge fristen dann als „gebundenes Kapital" ein tristes Dasein in Schrank, Keller oder Schublade. Und zu allem Überfluss findet man sie oft nicht, wenn man sie tatsächlich braucht (und kauft sie gleich noch einmal). Außerdem haben Sammlernaturen den Hang, den Wert der angehäuften Besitztümer danach zu bemessen, was sie einst gekostet haben. Für die Entscheidung darüber, ob ein Objekt weiterhin im Haushalt verbleiben darf, ist jedoch nicht der Preis relevant, sondern die Frage, ob es in Ihrem Alltag noch eine praktische oder dekorative Funktion hat.

Bewährte Strategien

Wege aus dem Chaos

Wenn Sie festgestellt haben, dass in Ihrem Haushalt ein veritables Chaos herrscht und vieles schlicht keinen angestammten Platz hat, sondern frei durchs Wohnungsuniversum schwebt, bieten sich für die ersten Gehversuche als ordentlicher Mensch verschiedene Aufräumstrategien an. Welche am besten zu Ihnen passt, können nur Sie entscheiden. Hier eine kleine Auswahl.

TROUBLE-SHOOTING Konzentriert sich das Chaos an einem bestimmten Platz in Ihrem Zuhause und breitet sich von dort aus immer weiter aus? Wer jeden Morgen in einem Stoffwust an der Garderobe nach seiner Jacke fahnden muss, weil hier vom Skianzug bis zum Bademantel alles an zwei Haken hängt, um das Gesuchte am Ende aus einem am Boden liegenden Kleiderberg zu fischen, tut gut daran, hier zuerst Ordnung zu schaffen. Sortieren Sie alles aus, was nicht zur Jahreszeit gehört und so gut wie nie außerhalb des Hauses getragen wird. Am nächsten Morgen können Sie sich dann darüber freuen, dass Ihr Lieblingsmantel knitterfrei bereithängt, Sie dem Chaos ein Stück Land abgetrotzt haben und sich nun getrost dem nächsten Krisenherd zuwenden können – zum Beispiel der Badezimmerablage oder dem Spülschrank in der Küche.

SALAMI-TAKTIK Fangen Sie klein an: Erobern Sie Ihre Wohnung scheibchenweise wieder zurück. Sie können mit einer Schublade, einem Schrankfach oder einem Regalbrett beginnen. Das geht schnell, und Sie erzielen im Handumdrehen sichtbare Erfolge – das motiviert. Am effektivsten schaffen Sie Ordnung, indem Sie den Kram, der sich in der ausgewählten Chaosecke angesammelt hat, sortieren (einfach nur ordentlich hinstellen zählt nicht): Was dort hingehört, darf bleiben, was einen anderen Platz hat, kommt in eine Kiste oder Tüte und wird weggeräumt, wenn alles sortiert ist, Müll wandert direkt in den

Abfall. Besonders wichtig: Lassen Sie sich nicht ablenken und verzetteln Sie sich nicht! Räumen Sie die ausgewählte Schublade – und nur diese – vollständig aus und neu wieder ein, bevor Sie die aussortierten Gegenstände an anderen Stellen unterbringen. Sonst eröffnen Sie neue Schauplätze und haben am Ende mehr Chaos als vorher.

RUNDUMSCHLAG Wer lieber weiträumig vorgeht, als sich auf ein kleines Fleckchen in der Wohnung zu konzentrieren, bewaffnet sich für die erste Aufräumrunde mit einem Müllsack und macht einen Rundgang durchs Haus. In den Sack kommt alles, was definitiv in den normalen Hausmüll gehört – von der zerbrochenen CD-Hülle (nein, die kann man nicht mehr kleben!) über den alten Einkaufszettel, alte Kosmetika, ausgetrocknete Filzstifte bis hin zu toten Pflanzen. Beim nächsten Durchgang am folgenden Tag sammeln Sie dann zum Beispiel defekte Elektrogeräte für den Sondermüll zusammen oder alles, was sich im Laufe der Zeit aus der Küche in die diversen Räume Ihres Heims geschlichen hat.

DELEGIEREN Wer sich nicht aufraffen will, es allein mit dem Chaos aufzunehmen, kann das auch gemeinsam mit professionellen Aufräumhelfer tun. Diese Ordnungsprofis weisen Ihnen einen Weg aus dem Durcheinander, leisten Entscheidungs- und Trennungshilfe, geben Tipps zur zukünftigen Organisation Ihres Haushalts und zeigen Ihnen Strategien zur Chaosvermeidung auf. Allerdings müssen Sie dafür auch recht teuer bezahlen und außerdem einer fremden Person Einlass in Ihr ganz persönliches Durcheinander gewähren. Vielleicht mögen Sie darum lieber Freunde um Hilfe bitten – schließlich hat fast jeder schon einmal die Erfahrung gemacht, dass es viel leichter ist, andere beim Aufräumen effizient zu unterstützen und beraten.

Tipp!

Wenn Sie einmal angefangen haben, heißt es auf jeden Fall dranbleiben – egal, für welche Aufräumstrategie Sie sich entschieden haben. Chaos ist beinahe so ansteckend wie die Pest. Muten Sie sich aber keine Herkulesaufgaben zu, sondern arbeiten Sie sich in stetem Rhythmus weiter vor: Es lohnt sich.

Vielleicht hilft Ihnen ja auch ein Kurs in Haushaltsführung, bei der Stange zu bleiben. Erkundigen Sie sich bei der Volkshochschule oder in Ihrer Gemeinde nach entsprechenden Kursangeboten. Vermutlich werden Sie dort eher auf verwandte Seelen als auf perfekte Haushaltsmanager treffen, bei denen schon alles seine Ordnung hat.

Pflanzenpflege

Zimmerpflanzen sind schön, machen die Wohnung einladend und verbessern das Raumklima – wenn sie noch leben: Auf das Skelett einer Birkenfeige trifft keine der genannten Eigenschaften zu. Längst in den Rang des gemeinen Krempels geraten, steht die verkümmerte Pflanze häufig noch monatelang in der Ecke. Solche Staubfänger sollten Sie entsorgen und die Pflege der Pflanzen in Zukunft in Ihre Aufräumroutine einbeziehen – viel Arbeit ist das nicht. Erkundigen Sie sich schon beim Kauf nach den spezifischen Bedürfnissen des Gewächses und verzichten Sie darauf, sich komplizierte Naturen ins Haus zu holen. Wenn Sie die folgenden Grundregeln beachten, dürfte die grüne Pracht auch bei Ihnen gedeihen.

PFLANZEN GIESSEN Viel Wasser brauchen Pflanzen mit zarten, dünnen, großen und weichen Blättern, junge Pflanzen sowie große Pflanzen in kleinen Töpfen. Auch bei hohen Temperaturen, viel Sonne und Licht und geringer Luftfeuchte sollte man kräftig gießen. Staunässe allerdings verträgt keine Zimmerpflanze.
Wenig Durst haben Pflanzen mit lederartigen, harten, wachsartig überzogenen Blättern, ältere Pflanzen und kleine Pflanzen in großen Töpfen. An schattigen Standorten und bei hoher Luftfeuchte brauchen Pflanzen ebenfalls weniger Wasser.
Völlig welke Pflanzen kann man unter Umständen retten, indem man sie im Topf in einen Eimer Wasser taucht und erst herausnimmt, wenn keine Wasserblasen mehr aufsteigen.

PFLANZEN DÜNGEN In der Wachstumszeit wird häufiger gedüngt als im Winter und grundsätzlich besser häufig und in kleinen Dosen als selten in großen Dosen. Kranke oder ausgetrocknete Pflanzen sollte man gar nicht düngen, langsam wachsende weniger als schnell wachsende. Frisch gekaufte Pflanzen freuen sich über Dünger gleich nach dem Einzug in Ihr Heim, da sie meistens schon eine ganze Weile ohne Dünger in ihrem Topf leben.

PFLANZEN PUTZEN Entfernen Sie vertrocknete Blätter, Blattspitzen und Blüten regelmäßig: Sie sind anfällig für Schädlinge. Eingestaubten Pflanzen bleibt buchstäblich die Luft weg, darum muss auch das Grünzeug regelmäßig gereinigt werden. Brausen Sie Schmutzfinke in der Badewanne mit lauwarmem Wasser ab oder stellen Sie sie in einen warmen Sommerregen. Feste, glatte Blätter vertragen auch die Behandlung mit einem weichen Schwamm, bei der eventuelle Schädlinge gleich mit abgewischt werden.

PFLANZEN UMTOPFEN Zeit zum Umtopfen ist, wenn die Pflanze vom Wurzelballen nach oben gedrückt wird und aus dem Topf wächst. Am besten vertragen Zimmerpflanzen das Umtopfen im Frühjahr zu Beginn der Wachstumsphase: Pflanze einen Tag vorher gut wässern, vorsichtig aus dem Topf lösen und Wurzelballen mit einem Holzstäbchen lockern, Wurzeln eventuell kürzen. Der neue Topf sollte 1 bis 2 Zentimeter größer sein als der alte. Ganz neue Töpfe müssen vor Gebrauch 24 Stunden gewässert, alte Töpfe gründlich geschrubbt werden. Legen Sie eine Tonscherbe oder einen Kieselstein auf das Abzugsloch und füllen Sie ein bis zwei Handvoll Erde in den leeren Topf. Dann Wurzelballen daraufstellen und ringsum mit Erde auffüllen. Der Wurzelballen muss knapp unterm Topfrand abschließen. Zum Schluss angießen, sodass die Erde gut feucht ist, oder Topf vorsichtig unter Wasser halten, bis keine Luftblasen mehr aufsteigen.

Konkretes Vorgehen

Kleiner Aufwand, große Wirkung

Wenn Sie nicht zu den wenigen geborenen Aufräumtalenten gehören, die den Weg zur Ordnung ganz intuitiv gehen, sollten Sie sich an die bewährten Aufräummethoden der Profis halten. Und die sind so einfach wie effektiv.

WAS SIE BRAUCHEN

- 2 Kisten
- 1 großen Müllbeutel
- 1 Küchenwecker
- 30 Minuten Zeit

1 Wählen Sie für Ihre Aufräumaktion einen überschaubaren Bereich, den Sie ganz bequem in einer halben Stunde aufräumen können, zum Beispiel die Garderobe, Ihren Schreibtisch, eine Schublade, einen Küchenschrank oder ein Regalbrett. Sie wissen selbst am besten, wo ein Eingreifen dringend nötig ist.

2 Stellen Sie den Wecker auf 30 Minuten ein. Wenn er klingelt, haben Sie Ihre Aufräumpflichten für diesen Tag erfüllt.

3 Nun machen Sie sich an das Sortieren all der großen und kleinen Dinge, die sich in der Chaoszone angesammelt haben. Entscheiden Sie ohne langes Überlegen Gegenstand für Gegenstand, ob er dort am richtigen Platz steht, eigentlich irgendwoanders hingehört oder reif für den Müll ist. Was bleiben darf, wird in Gruppen geordnet: auf dem Schreibtisch Stifte zu Stifte, im Wäscheschrank Waschlappen zu Waschlappen usw. Alles, was am betreffenden Ort nichts zu suchen hat, aber im Hausstand verbleiben soll, kommt in eine der Kisten und wird später weggeräumt. Dinge, die Ihnen zwar keine Dienste mehr leisten können, aber vielleicht noch andere glücklich machen können und verschenkt oder verkauft werden sollen, kommen in die zweite Kiste.

4 In den Müllsack wandern all die Dinge, mit denen niemand mehr etwas anfangen kann: verwitwete Handschuhe, Stifte, die nicht mehr schreiben, Einzelteile, deren Funktion sich nicht mehr ermitteln lässt, abgelaufene Lebensmittel usw.
Wichtig: Entsorgen Sie den Müllsack sofort bei Ablauf des Küchenweckers, sonst kommen Sie in einem schwachen Moment noch auf die Idee, darin herumzuwühlen.

5 Nun, da alles sortiert ist, organisieren Sie den gewonnen Raum neu. Häufig bietet sich dabei die Ordnung nach Themengruppen an: Im Badzimmerschränkchen etwa können Sie alles zusammenstellen, was der Zahnpflege dient, ein anderer Bereich gehört der Kosmetik, und das Rasierzeug bekommt ebenfalls seinen eigenen Platz.

6 Nun dürfte der Wecker auch schon bald klingeln. Spätestens dann machen Sie sich mit der Aufräumkiste auf den Weg durchs Haus und tragen alles, was sich darin angesammelt hat, an seinen Platz, entsorgen den Müll, verstauen Ihre Ordnungshelfer (leere Kiste, Flohmarkkiste, Wecker) und freuen sich, dem Chaos schon wieder ein paar Zentimeter abgerungen zu haben.

Tipp !

Wenn Sie keine Lust oder Zeit haben, Ihren aussortierten Hausrat selbst auf dem Flohmarkt zu verkaufen, lohnt sich ein Blick in die Kleinanzeigen Ihrer Lokalzeitung oder entsprechender Internetportale: Dort sind immer wieder Menschen auf der Suche nach flohmarkttauglichem Trödel, den sie kostenlos abholen.

Nützliche Helfer

Dass reichlich Stauraum Grundvoraussetzung für einen organisierten Haushalt ist, ist ein Irrglaube. Eher das Gegenteil ist der Fall: Stauraum verleitet dazu, dort wieder Krempel verschwinden zu lassen. Und das wollen Sie ja gerade nicht. Nichtsdestoweniger brauchen Sie geeignete Aufbewahrungsmöglichkeiten wie Kisten, Körbe und Regale für all die Dinge, mit denen Sie langfristig zusammenleben wollen.

ERST SORTIEREN, DANN NEU MÖBLIEREN Häufig steht am Anfang einer umfassenden Aufräumaktion im eigenen Heim der Kauf ganzer Aufbewahrungssysteme, die das Leben endgültig leichter machen sollen. Doch wer in dieser Reihenfolge vorgeht, ist im Allgemeinen schlecht beraten. Was Sie wirklich brauchen, wissen Sie schließlich erst, wenn Sie Ihren Besitzstand sortiert und damit auch minimiert haben. Vielleicht hat ja dann das Regal, für das Sie die neuen Stehordner gekauft haben, Ihren Haushalt längst verlassen – und mit ihm die Zeitschriftensammlung, die darin Platz finden sollte.
Passen Sie Ihre Anschaffungen Ihrem tatsächlichen Bedarf an, sonst hält gleich wieder neuer unnützer Krempel Einzug in Ihr Heim. Und vergessen Sie nicht, vor dem wohl erwogenen Einkauf neuer Organisierhilfen deren Standort genau zu vermessen – sonst passt nachher nichts so richtig und wird damit zum neuen Chaosfaktor.

KISTEN UND KÖRBE Diese offenen Behälter sind der perfekte Aufbewahrungsort für Dinge, die man häufig braucht. Mit ihrer Hilfe sind Spiel- und Bastelsachen schnell aufgeräumt, und auch Zeitungen und Zeitschriften sind darin gut aufgehoben (die sollten Sie allerdings ganz regelmäßig aussortieren, was sonst passiert, ahnen Sie sicher schon).

TRANSPARENTE BOXEN Ob mit oder ohne Einsatz, mit oder ohne Deckel - transparente Boxen in verschiedenen Größen bieten gleich mehrere Vorteile: In ihnen lassen sich diverse Kleinigkeiten wie Schuhputzzeug, Mülltüten und Wischtücher, Nähutensilien oder die Nagellacksammlung praktisch und zusammengehörig, aber dabei dennoch einsichtig und wiederfindbar in Küchen-, Bad- und Kellerschränken verstauen. Große Schrankfächer lassen sich damit prima unterteilen, und auch wenn man diverse dieser Boxen über- und nebeneinander stapelt, wirkt alles gleich viel aufgeräumter. Und nicht unwichtig: Sollten Sie einmal etwas suchen, müssen Sie nicht tausenderlei Kleinigkeiten einzeln aus dem Schrank (und wieder hinein) räumen, sondern können das boxenweise tun.

REGALE Stellen Sie Bücher in Reih und Glied auf, Bücherstapel sind unpraktisch. Damit Sie leicht finden, was Sie suchen, empfiehlt sich eine systematische Ordnung: Belletristik alphabetisch nach dem Autor, Sachbücher nach Themenbereichen. Auch Zeitschriften (natürlich nur solche, die Sie regelmäßig konsultieren) finden hier sortiert und im passenden Stehordner einen guten Platz. In die unteren Etagen können Sie Container mit Spielzeug oder Brettspielen schieben. Sicher befestigte und tragfähige Wandregale über der Küchentür sind eine perfekte kleine Speisekammer für Konserven, über der Waschmaschine können Sie darauf Waschmittel, Weichspüler, Fleckenentferner und Waschkugeln griffbereit unterbringen.

SCHUBLADEN Diese zum Aufbewahren von Kleinteilen äußerst praktischen Behälter haben einen großen Nachteil: Mit jedem Öffnen und Schließen wird ihr Innenleben chaotischer. Statten Sie Ihre Schubladen darum mit geeigneten Ordnungssystemen aus – in Besteckkästen lässt zum Beispiel Büromaterial vom Stift bis zum Klebeband gut ordnen. Schubladenteiler in der Sockenschublade ersparen Ihnen langes Suchen nach dem passenden Strumpf.

BETTKÄSTEN Bettkästen sind wunderbar praktische Minimöbelstücke: Sie verschwinden unsichtbar unter dem Bett, sind dennoch leicht schnell erreichbar und bieten vor allem viel Platz für selten Gebrauchtes und Saisonware. In einem Bettkasten sind nicht nur die jeweils nicht benutzten Bettdecken, sondern auch Skianzug und Wintermantel im Sommer gut aufgehoben, und das Ganze am besten noch in einer Wäschehülle, die vor Staub und Motten schützt.

Organisationsprinzipien

Die ersten Schritte in der Chaosbeseitigung sind getan. Ihr Haushalt hat sich verschlankt, Unnützes ist verschwunden, Belastendes verbannt, die nötigen Organisierhilfen beschafft – kurz und gut, Sie haben wieder die Oberhand über Welt der Dinge gewonnen. Nun geht es ans Herrschen, und damit Sie die Zügel in Zukunft mit leichter Hand führen können, gilt es nun, den um Sie versammelten Gegenständen einen angemessenen Platz in der Hierarchie zuzuweisen und sich die hart erkämpften Freiräume zu bewahren.

DREI-KLASSEN-GESELLSCHAFT Grundsätzlich lassen sich die Gebrauchsgegenstände in einem durchschnittlichen Haushalt in drei Gruppen einteilen:

1 Da sind zuallererst die Dinge, die Sie immer wieder brauchen, zum Beispiel die Zahnbürste im Bad, der Bademantel im Schlafzimmer, das Besteck am Esstisch, Gewürze beim Kochen. Damit sie immer griffbereit sind, dürfen sie Ihnen sehr nahe kommen. Sie bevölkern die Ablage im Badezimmer, den Haken an der Schlafzimmertür, die Schublade im Esstisch und stehen in Schränken und auf Regalen an vorderster Front in leicht erreichbarer Höhe.

2 In zweiter Reihe folgen Dinge, die Sie zwar regelmäßig, aber nicht täglich benutzen: Dazu gehören in einem normalen Haushalt unter anderem etwa Staubsauger, Handrührgerät, Bräter und Lockenstab. Um sie zu erreichen, müssen Sie sich auch mal bücken, in den hinteren Teil der Schublade greifen, sich recken oder eine Tür öffnen.

Profitipp !

Damit die Herrschaften aus der zweiten Reihe sich nicht unsichtbar machen, können Sie Schränke und Regalböden mit einer Einlegestufe oder einer einfachen Erhöhung im hinteren Teil in eine Tribüne verwandeln: So entgeht Ihnen nichts.

3 Ganz unten in der Hierarchie rangieren Dinge, die man wirklich selten braucht: Einkochtopf, Ausstechformen für die Weihnachtsbäckerei, Pinsel, Farbrollen usw. Diese Mitbewohner können Sie getrost in schwer zugängliche Schränke in größerer Höhe, auf das oberste oder unterste Regalbrett oder in den hintersten Winkel der Abstellkammer verbannen.

ÜBERALL ANWENDBAR Dieses Drei-Klassen-System ist grundsätzlich in jedem Raum anwendbar. In der Küche gibt es vermutlich in allen drei Gruppen die größte Anzahl an Gegenständen, dort lohnt sich eine sorgfältige Organisation nach diesen Prinzipien vielleicht am meisten. Ein Beispiel: Wenn morgens Ihr erster Weg zur Kaffeemaschine führt, sollten Sie auf einem Regalbrett über oder ganz in der Nähe der Kaffeemaschine die Kaffeedose, die Filtertüten und eventuell noch die Zuckerdose

unterbringen – die Vorteile werden Sie jeden Tag bemerken.
Aber auch für andere Räume sollten Sie eine Umorganisation nach diesem System in Erwägung ziehen. Stört es Sie beispielsweise jeden Tag, dass Ihr Kind seine Kleidung nach dem Ausziehen im Zimmer oder in der Wohnung verteilt, platzieren Sie den Schmutzwäschekorb irgendwo an den „Hauptwegen", nicht in der hintersten Ecke des Zimmers.

AUSGEZEICHNETES SYSTEM All denjenigen, die keine ausgewiesenen Gedächtniskünstler sind, sei geraten, das in der Sortier- und Organisierphase angelegte Ordnungsprinzip mit Etiketten durchschaubar zu machen. Auch wenn Sie sicher sind, auf ewig zu behalten, in welchem Fach die großen Spannbettlaken beim Aufräumen heimisch geworden sind und wo das Mehl im Vorratsschrank seinen Platz hat – die restlichen Haushaltsmitglieder werden Ihnen für die kleinen Hilfestellungen dankbar sein. Führen Sie überall dort, wo es sinnvoll ist, Beschriftungen und Etiketten ein: auf Vorratsdosen, geschlossenen Behältern und Aktenordnern, auf Regalbrettern und in Schrankfächern. So behalten Sie den Überblick.

Rückfälle vermeiden

Die Neuorganisation und -ordnung eines Haushaltes funktioniert im Prinzip nach den Regeln einer langfristigen Ernährungsumstellung: Nachdem man sich Schritt für Schritt von überflüssigem Ballast befreit und sein individuelles Wohngewicht erreicht hat, geht es in der nachfolgenden Phase darum, diesen Idealzustand ohne allzu große Mühen langfristig aufrechtzuerhalten. Ganz von selbst geht das selbstverständlich nicht, denn Unordnung und Chaos sind äußerst hartnäckige und trickreiche Gegner, aber wenn Sie ein paar goldene Regeln beachten, ist Ihnen der langfristige Erfolg sicher.

REINEN TISCH MACHEN Widerstehen Sie der Versuchung, die gerade dem Chaos entrissenen Freiräume wieder mit neuem Krempel zu füllen, sondern freuen Sie sich an dem noch ganz ungewohnten Anblick. Besonders Tische fordern geradezu dazu auf, dort etwas abzulegen, aber auch Kommoden oder Stühle und Hocker. Nirgends sonst sammelt sich Krimskrams in so atemberaubender Geschwindigkeit.

Auf dem Telefontischchen haben Handschuhe nichts zu suchen, der Esstisch wird nach jeder Benutzung wieder aufgeräumt, und der Wohnzimmertisch ist keine geeignete Ablage für Zeitschriften (für die haben Sie jetzt ja schließlich einen Korb).

Ganz besonders chaotisch wirkt ein mit Krempel zugestellter Fußboden. Im Prinzip das einzige, was dort ungestört rumliegen kann, ein Teppich. Alles andere sollten Sie wegräumen – Besen, Schrubber, Mopp und Co. zum Beispiel kann man in einem versteckten Winkel an die Wand hängen.

RETURN TO SENDER Gewöhnen Sie sich an, Dinge, die Sie fern ihres angestammten Platzes verwendet haben, nach Gebrauch sofort wieder zurückzubringen.

Der aus dem Büro entführte Locher wandert nach getaner Arbeit wieder dahin zurück, der Staubsauger hat nach dem Putzen nichts mehr im Flur zu suchen, sondern wird wieder in den Besenschrank verbannt, und die Zahnpasta, die Sie kurzfristig als Spachtelersatz für ein winziges Bohrloch im Kinderzimmer zweckentfremdet haben, findet sich alsbald auf der Ablage im Bad wieder.

ZUWACHS MEIDEN Setzen Sie für jeden Gegenstand, den Sie längerfristig in den Haushalt einführen, einen anderen – am besten selber Art – vor die Tür. Dem neuen kuscheligen Badehandtuch macht der räudige Lappen aus dem letzten Krieg Platz, den eh keiner mehr benutzen will. Wenn Sie noch konsequenter vorgehen wollen, überlegen Sie sich schon beim Einkauf, was Sie dem neuen Stück opfern wollen. Wenn Ihnen nichts einfällt, muss der Neue leider draußen bleiben.

AUFFANGLAGER EINRICHTEN Selbst im ordentlichsten Haushalt gibt es immer wieder Dinge, die noch keinen festen Platz im Organisationssystem haben und heimatlos durch die Wohnung strolchen. Sammeln Sie diese Gegenstände in einem Korb oder einer Kiste – aber lassen Sie nicht zu, dass sich hier ein neuer Chaosherd entwickelt, sondern betätigen Sie sich regelmäßig als Platzanweiser.

KAPUTTES ENTSORGEN Ist etwas kaputt gegangen und wird binnen einer bestimmten Frist – realistisch ist ein halbes Jahr – weder repariert noch in Reparatur gegeben, sollten Sie sich von diesem Objekt trennen: Ganz offensichtlich brauchen Sie es nicht. Tipps für kleine Reparaturen finden Sie übrigens ebenfalls in diesem Kapitel.

AUSLEIHEN UND TAUSCHEN Werden Sie Mitglied in der Stadtbücherei, um sich dort mit Büchern, CDs, DVDs und Videospielen zu versorgen. Deponieren Sie einen Bibliothekskorb im Eingangsbereich, wo alles, was zurückgebracht werden muss, gesammelt wird, und richten Sie einen regelmäßigen Büchereidienst ein, an dem sich alle Haushaltsmitglieder beteiligen. Ebenfalls eine kostengünstige und chaosfeindliche Alternative zum Kauf ist der Tausch, beliebte Tauschobjekte sind Baby- und Kinderkleidung sowie Sportausrüstungen für Kinder und Schwangerschaftsmode.

Spezialgebiete

Der Eingangsbereich

Wenn der Eingangsbereich aufgeräumt und übersichtlich ist, fühlen Besucher sich gleich willkommen, und aus einem chaosfreien Raum startet es sich auch leichter in den Tag. Als Schleuse zur Außenwelt ist dieser Bereich allerdings besonders anfällig für Unordnung: Wer heimkommt, lässt dort gerne allen Ballast fallen. Mit einigen organisatorischen Maßnahmen und regelmäßigen Aufräumaktionen lässt sich das Chaos aber bändigen.

GARDEROBE UND SCHUHSCHRANK Für die Ordnung im Flur kann ein Garderobenschrank gute Dienste leisten – wenn er denn tatsächlich auch genutzt wird: Häufig erscheint einem nach einem anstrengenden Tag selbst das Öffnen der Schranktür zu viel, und alles landet auf dem Boden oder sonstigen verfügbaren Ablagemöglichkeiten. Benutzerfreundlicher ist eine offene Garderobe mit einigen Bügeln und Haken in Erwachsenen- und Kinderhöhe. Wenn jedes Familienmitglied einen oder mehrere eigene Haken hat, weiß auch jeder genau, an welchen Platz die jeweilige Jacke kommt. Achten Sie darauf, die Garderobe nicht zu überladen. Tauschen Sie Jacken regelmäßig im Frühjahr und Herbst aus, und lagern Sie dort nur die Taschen, Schals und Mützen, die Sie gerade bevorzugt in Gebrauch haben. In Haushalten mit Straßenschuhverbot gehört neben die Garderobe noch ein Schuhschrank

oder ein Schuhregal. Ein Schirmständer in unmittelbarer Nähe der Eingangstür vervollständigt das Ensemble.

INDIVIDUELLE BEHÄLTNISSE Platzieren Sie auf einem Regal im Eingangsbereich für jedes Haushaltsmitglied einen eindeutig gekennzeichneten offenen Behälter in passender Größe. Dort kann jeder in seinem ganz privaten Bereich das deponieren, was er zum Verlassen des Hauses braucht: Portemonnaie, Sonnenbrille usw. Und genau dort landet alles beim Heimkommen wieder. Ebenfalls praktisch ist ein Schlüsselbrett, an dem jedes Haushaltsmitglied einen eigenen Haken hat.

POSTORGANISATION Alles, was den durchschnittlichen Haushalt an schriftlichen Nachrichten aus der Außenwelt erreicht – Briefe, Zeitungen, Zeitschriften, Werbezettel –, wird häufig erst mal im Flur deponiert. Da dieser Papierstapel eine regelrechte Sogwirkung auf weiteren Krimskrams hat, sollten Sie sich angewöhnen, die Post immer gleich zu sortieren: Nur Wichtiges wird verwahrt und zur weiteren Bearbeitung an den dafür vorgesehen Platz gebracht, der Rest wandert gleich ins Altpapier. Wenn Ihnen die Idee, die Post gleich zu sortieren, unvorstellbar erscheint, schaffen Sie eine kleine Kiste oder Box an, in die alle – geöffneten! – Briefe wandern, sonst jedoch nix.

Das Wohnzimmer

Dieser Bereich der Wohnung ist ein echter Multifunktionsraum. Hier wird Musik gehört, ferngesehen, gelesen, geplaudert, gespielt und gelernt. Und entsprechend viele Dinge werden ins Wohnzimmer getragen – und dort liegen gelassen. Großes Chaospotenzial haben auch die häufig dort aufbewahrten CDs, DVDs und Computerspiele nebst zugehöriger Unterhaltungselektronik. Darum braucht es für diesen Raum klare Ordnungsprinzipien.

REGELMÄSSIG RÜCKFÜHREN Sorgen Sie dafür, dass alles, was für besondere Zwecke ins Wohnzimmer getragen wird, nach Abschluss der Arbeit wieder an seinen Platz zurückgebracht wird, sonst sind bald Schulbücher, Wollknäuel, kleine Werkzeuge und Spielsachen über die gesamte Inneneinrichtung verstreut. Ein Zeitungskorb verhindert, dass sich Lektürestapel auf dem Wohnzimmertisch anhäufen.

ABENDS AUFRÄUMEN Gewöhnen Sie sich an, das Wohnzimmer mit ein paar Handgriffen wieder in einen ordentlichen Zustand zu versetzen, bevor Sie ins Bett gehen oder sich einer anderen Beschäftigung zuwenden: Lüften, Müll einsammeln und entsorgen, Gläser, Schälchen und Tassen in die Spülmaschine räumen, Kissen aufschütteln, Decken geradeziehen, Liegengebliebenes in einen Korb räumen, damit die Verantwortlichen die Sachen am nächsten Tag an ihren Platz räumen. Das dauert nicht lange, und Sie ärgern sich morgens nicht mehr über den liegengebliebenen Kram vom vorherigen Abend.

Tipp

Durchforsten Sie Ihre CD-, DVD- und Computerspielsammlung regelmäßig nach Dubletten, Filmen, die keiner mehr schaut, Musik, die keiner mehr hört, und Spielen, die keiner mehr spielt, und packen Sie die aussortierten Medien in die Flohmarktkiste oder verschenken sie.

CDS UND DVDS ORDNEN Sortieren Sie Ihre DVD-Sammlung so in passende Boxen ein, dass man die Beschriftung gut lesen kann. Nach Gebrauch kommt jede DVD zurück in ihre Hülle, die Hülle in die Box und die Box an ihren Platz im Regal. Computerspiele erhalten eine eigene Box im Regal.

CDs fliegen nicht mehr auf dem Boden herum, wenn man neben der Stereoanlage ein CD-Regal an der Wand montiert. Teilen Sie Ihre CDs in drei Gruppen: Unterhaltungsmusik, Klassik und Hörbücher bzw. -spiele. Innerhalb dieser Gruppen sortieren Sie alphabetisch, Pop und Rock nach Interpreten, Klassik nach Komponisten, Hörbücher nach dem Titel. Nach dem Hören gilt das Gleiche wie für die DVDs: CD mit der Hülle zurück ins Regal räumen. Selbstgebrannte CDs sind übrigens recht lichtempfindlich und sollten darum in undurchsichtigen Hüllen oder speziellen CD-Mappen aufbewahrt werden.

KABEL BINDEN Mit den zahlreichen Elektrogeräten, die unsere Wohnzimmer heute bevölkern, ist Kabelsalat vorprogrammiert. Abhilfe schaffen hier Kabelschläuche und Kabelkanäle zur Wandmontage. Manchmal tun es auch einfache Kabelbinder, die Endloskabel zu praktischen Rollen zusammenhalten.

Noch ein Trick: Bei Mehrfachsteckdosen, die zahlreiche identisch aussehende Stecker enthalten, kann man oft nicht auf den ersten Blick (oder zweiten oder dritten) nachvollziehen, welcher Stecker zu welchem Gerät gehört. Hier schaffen bunte Kabelmarkierer Abhilfe, die kleine Symbole tragen (Lampe, Computer, Anlage) und die man dicht am Stecker befestigt.

WIEDERHOLUNGSTÄTER Es gibt Gegenstände, in deren Natur es liegt, dass sie immer wieder herumliegen und gesucht werden müssen, weil sich für sie einfach kein fester Platz findet oder sie so oft benutzt werden, dass es sich nicht lohnt, sie wirklich wegzuräumen, wie z. B. Fernbedienungen. Wenn Sie es trotzdem ärgert, dass sie immer auf dem Couchtisch, Sessel oder Boden herumliegen, hilft vielleicht eine Zwischenlösung: Stellen Sie ein Körbchen oder anderes Behältnis, das Ihren ästhetischen Ansprüchen entspricht, an zentraler Stelle auf und definieren Sie dies als Auffangbehälter. So wirken diese Gegenstände aufgeräumt und sind dennoch ständig erreichbar.

Das Kinderzimmer

Kinderzimmer platzen häufig aus allen Nähten. Das hat viele Gründe: Meist sind sie recht klein, nicht selten wohnen zwei Kinder darin, und sie dienen gleichzeitig als Schlaf-, Spiel- und Lernzimmer – und sind vollgestopft mit all den Dingen, die man im Leben so braucht (und noch manchem mehr): Bett, Kleiderschrank mit Kleidung für sämtliche Jahreszeiten, Regal nebst Bergen von Spielsachen und Büchern, Schreibtisch ... Wenn das bei Ihrem Kind im Zimmer auch so ist, besteht dringender Handlungsbedarf.

PLATZ SCHAFFEN Kein Kind kann Ordnung lernen, wenn es in seinem Zimmer kein freies Fleckchen mehr gibt. Beginnen Sie mit dem Kleiderschrank. Sortieren Sie alles aus, was kaputt oder überflüssig ist und Ihrem Kind nicht mehr oder noch nicht passt. Kaputtes wandert in den Müll, zu Kleines wird verschenkt oder verkauft, zu Großes sowie nicht zur Jahreszeit Passendes weggeräumt. Mit den Spielsachen verfahren Sie nach demselben Prinzip – wenn das Kind schon älter ist, auch mit ihm gemeinsam. Wenn das alles erledigt ist, was mehrere „Sitzungen" in Anspruch nehmen kann, geht es an die Neu-Organisation des Zimmers.

PASSENDE MÖBEL WÄHLEN Möbel in normaler Größe sind für Kinder schlicht zu groß, schwergängige Schubladen ein unüberwindbares Hindernis, und in Schiebetüren klemmen sie sich leicht die Finger. Wenn Ihr Kind noch sehr klein ist, entfernen Sie die Schranktüren am besten ganz. Kleiderstangen kann man tiefer anbringen und mit Kinder-

kleiderbügeln bestücken. Socken und Unterwäsche sind für Kinder besser in offenen Behältern aufgehoben als in der Schublade.

KINDGERECHT ORGANISIEREN Begeben Sie sich mit Ihrem Kind auf Augenhöhe. Genau auf diese Höhe gehören die Sachen, die es am meisten benutzt. Räumen Sie also nicht zu große Kisten mit seinem Lieblingsspielzeug – thematisch sortiert etwa nach Bauklötzen, Stofftieren und allem, was fährt – auf oder unter das unterste Regalbrett, Dinge, die weniger in seiner Gunst stehen, kommen weiter nach oben. Für die Organisation des Kinderzimmers gilt außerdem: Es sollte immer leichter sein, etwas aufzuräumen, als etwas herauszuholen. Stellen Sie zum Beispiel Bilderbücher aufrecht in eine Box. Um das gewünschte Buch zu finden, muss das Kind die ganze Box durchsehen, beim Aufräumen aber kommt es einfach ganz vorn in die Kiste – das fördert die Motivation.

VERSTÄNDLICH ETIKETTIEREN Versehen Sie Kisten, Regale und Schrankfächer mit Bildetiketten, die kleinen Kindern verraten, wo die verschiedenen Dinge hingeräumt werden, wenn sie nicht mehr oder noch nicht gebraucht werden. Vielen Kindern macht es Spaß, die Motive selber auszusuchen, und beim Spiel „Was gehört wohin?" lernen sie vergnügt, wie man aufräumt, noch bevor sie lesen können. Für ältere Kinder können Sie die Etiketten auch mit Blockbuchstaben beschriften.

BESITZVERHÄLTNISSE Wenn zwei Kinder zusammen ein Zimmer bewohnen, können Sie Schränke bzw. Schrankhälften und Kommodenschubladen jeweils in den Lieblingsfarben der beiden streichen, damit jedes Kind immer weiß, wo seine Sachen hingehören. Wenn es Ihnen zu aufwendig ist, Möbel zu komplett zu streichen, können Sie die Besitzverhältnisse auch mit den Anfangsbuchstaben der Vornamen, Stickern, Bildern oder Postkarten verdeutlichen. Bei Schrankhälften eignen sich auch große Poster sehr gut. Wichtig ist, dass Sie Ihr Kind in die Gestaltung der Möbel mit einbeziehen – es ist schließlich sein Zimmer.

Das Schlafzimmer

In vielen Haushalten gleicht das Schlafzimmer einer Abstellkammer. Der Wäscheständer ist häufig Dauergast, auf dem viel zu selten (nie) benutzten Stepper türmt sich Bügelwäsche, auf der Kommode liegen ein paar bereits gefaltete T-Shirts, etwas Kleingeld und ein Haargummi, schmutzige Wäsche wartet auf dem Boden auf den Waschtag, neben dem Bett harren Bücherberge der Lektüre, und für Beleuchtung sorgt lediglich eine schwache Funzel an der Decke (was auch erklärt, warum hier nicht gelesen wird). Das muss nicht sein. Sie sollen sich ja schließlich wohlfühlen in Ihrem Schlafzimmer.

EINDRINGLINGE VERBANNEN Die Aufräumstrategie fürs Schlafzimmer unterscheidet sich nicht von der üblichen Routine. Alles, was nicht hierhergehört, wird weggeräumt oder gänzlich entsorgt. Nehmen Sie sich nacheinander die verschiedenen Bereiche des Schlafzimmers vor: Bett und Nachttische, Kommode, Ablageflächen und schließlich den Schrank. Teilen Sie sich die Arbeit, wie schon zuvor beschrieben, in 30-Minuten-Häppchen ein, damit Sie nicht die Lust verlieren.

CHAOSURSACHEN ERMITTELN An der Art der Unordnung lässt sich meist ziemlich leicht ablesen, welche Umstrukturierungen vorzunehmen sind, damit das Durcheinander Ihnen nicht irgendwann den Schlaf raubt. Liegt Schmutzwäsche herum, fehlt ein gut zugänglicher Wäschekorb, gefaltete Wäsche, die den Weg in den Schrank nicht gefunden hat, lässt auf eine Überfüllung des Kleiderschranks schließen, herumliegende Bügelwäsche ist offensichtlich heimatlos. Der nicht benutzte Stepper erinnert Sie ständig daran, dass Sie eigentlich mehr Sport treiben sollten, und verdirbt

Tipp !

Wenn Sie in Ihrem neu organisierten Schlafzimmer nachts noch immer keine rechte Ruhe finden, müssen Sie vielleicht noch ein bisschen Möbel rücken. Wenn Ihr Bett zum Beispiel mit dem Kopfteil an einer Wand steht, durch die Wasser- oder Heizungsrohre verlaufen, stört möglicherweise nächtliches Rauschen Ihren Schlaf. Oder hängt Ihr Frisierspiegel direkt gegenüber dem Bett? Vielleicht kosten Reflexionen vom Licht der Straßenlaterne oder von den Scheinwerfern vorbeifahrender Autos Sie die Nachtruhe. Ebenfalls aufreibend können allzu kräftige Wandfarben in satten Tönen sein. Sanfte, gedämpfte Farben hingegen begünstigen einen erholsamen, ruhigen Schlaf.

Ihnen vermutlich jede Lust, sich überhaupt im Schlafzimmer aufzuhalten – und verliert damit als Chaosmagnet seine Daseinsberechtigung.

RAUM NEU ORGANISIEREN Wenn Sie Ihr persönliches Durcheinander durchschaut haben, können Sie mit Ihren neuen Erkenntnissen an die Umgestaltung des Raumes machen. Indirekte Beleuchtung und Leselampen am Bett sorgen für sanftes Licht, Bettkästen bieten Stauraum für gerade nicht benötigte Kleidung oder Handtaschen. Ein neuer, schicker Wäschekorb an einer gut zugänglichen Stelle löst das Problem herumliegender Schmutzwäsche. Kommt Ihr Schlafzimmer Ihnen nach Abschluss der Aufräumarbeiten immer noch zu voll vor, sollten Sie erwägen, ob Sie nicht ein Möbelstück auslagern oder durch ein kleineres ersetzen.

STAMMPLÄTZE SCHAFFEN Haben Sie bei der Ursachenforschung festgestellt, dass Sie sich regelmäßig über dieselben Dinge ärgern, die sich aber dennoch nicht auslagern oder ganz abschaffen lassen, überlegen Sie sich Dauerlösungen: Mit einem Regal unmittelbar am Bett gehören Bücherstapel auf dem Boden der Vergangenheit an, auf ein Tischchen neben dem Bett stellen Sie Ihre sonntägliche Kaffeetasse. Wenn Sie jeden Morgen Ihre Uhr und Ihren Lieblingsring an anderer Stelle suchen müssen, reservieren Sie dafür ein Plätzchen auf der Kommode.

So geht's: Den Kleiderschrank ordnen

Ihr Kleiderschrank platzt aus allen Nähten, und Sie finden nie, was Sie suchen? Dann sollten Sie zur Chaosbeseitigung zu einem Rundumschlag ausholen. Das kostet zwar ein bisschen Zeit und Mühe, aber das Ergebnis kann sich wirklich sehen lassen. Herrscht nur leichte Unordnung, können Sie auch nach der Salamitaktik vorgehen und sich zum Beispiel jedes Mal, wenn Sie Ihre saubere Wäsche einräumen, ein Fach oder einen Abschnitt der Kleiderstange vornehmen.

DAS BRAUCHEN SIE

- Staubsauger
- Putzlappen und warme Seifenlauge
- Zitronenöl (optional)
- Behälter für aussortierte Stücke

- Müllbeutel
- Mottenschutz
- Bettkästen, Rollcontainer, Einsätze für Schrankfächer, Schubladen usw.

1 Räumen Sie den Kleiderschrank ganz aus und machen Sie dabei je einen Stapel für Kleider, die Sie verschenken wollen, sowie für Wäsche und Reinigung, für Stücke, die Sie wieder einräumen wollen, und für solche, die Sie wegräumen wollen (je nach Jahreszeit Sommer- oder Winterkleidung), also insgesamt vier. Alles, was für Sie und auch andere untragbar geworden ist, wandert direkt in die Mülltüte.

2 Saugen Sie den Schrank gründlich aus, besonders in den Ritzen: Dort legen Motten gerne ihre Eier ab. Danach reinigen Sie den Schrank mit Seifenlauge und wischen alles gründlich trocken. Eine anschließende Abreibung mit Zitronenöl lässt den Schrank angenehm duften und hält Motten fern, muss aber nicht sein. Alternativ können Sie die Fächer auch mit Schrankpapier auslegen.

3 Nun messen Sie den Schrank aus, um beim Einkauf sinnvoller und auf Ihre Bedürfnisse zugeschnittener Organisationselemente die richtigen Maße parat zu haben. Praktisch sind zum Beispiel Einhängekörbe, mit denen man den Stauraum in hohen Schrankfächern optimal ausnutzen kann, Einlegeelemente für die Schubladen zur geordneten Verwahrung von Socken und Unterwäsche und Gürtel- und Krawattenhalter für die Innentüren und hölzerne oder gepolsterte Kleiderbügel (die Drahtbügel aus der Reinigung sind für eine langfristige Nutzung nicht geeignet). Kaufen Sie nicht wild drauf los, sondern nur das, was Sie wirklich brauchen – Sie kennen Ihre Garderobe ja jetzt in- und auswendig.

4 Sinnvolles Einräumen geht so: Auf oder an den Bügel gehören Blusen, Blazer, Röcke, Stoffhosen, Jacketts und Anzüge. Am besten hängen Sie auch gleich die Röcke auf Rockbügel und die Hosen auf Hosenbügel – das schont die Kleidungsstücke. Hängen Sie kurze Sachen auf die eine Seite der Stange, lange auf die andere. Selten benutzte Schuhe (alle anderen sorgen unter Umständen für unangenehme Gerüche) stapeln Sie im Karton auf der „kurzen" Seite. Wer über den Luxus mehrerer Schrankelemente mit Stange verfügt, kann in einem Teil auch zwei Stangen übereinander anbringen, um dort kurze Kleidungsstücke in Doppelreihe aufzuhängen.

Räumen Sie die Fächer so ein, dass Sie alles leicht wiederfinden, etwa Kurzarmshirts zu Kurzarmshirts, Longsleeves zu Longsleeves usw., und bringen Sie entsprechende Etiketten an. Knitterfreie Hosen und Shorts können ebenfalls liegend gelagert werden. Socken und Unterwäsche kommen in (am besten mit Einsätzen unterteilte) Schubladen oder Einhängekörbe. Da sie auf dem Bügel die Form verlieren, gehören schwere oder lange Strickwaren auch ins Schrankfach. Sorgen Sie außerdem für Mottenschutz, damit Sie sich noch lange Ihrer Garderobe erfreuen können. Bestücken Sie die Innenseiten der Schranktüren mit flachen Handtuchhaltern und Haken, um dort Gürtel, Krawatten und Handtaschen aufzubewahren.

5 Nun kümmern Sie sich um die Kleidungsstücke, die in die Sommer- oder Winterpause gehen. Bevor Sie die Sachen wegräumen, sollten Sie sie waschen oder reinigen lassen: Körperfett und Schmutz ziehen Motten an und können einen Geruch entwickeln, den die Kleidungsstücke nie wieder loswerden. Befreien Sie gereinigte Kleidungsstücke vor dem Verpacken aus ihrer Plastikfolie, damit sich kein Schimmel bilden kann. Verstauen Sie die Sachen ordentlich in Kisten, Koffern, Kleidersäcken und Rollcontainern, die Sie im obersten Schrankfach, zur Not auf dem Schrank, unter dem Bett oder im Gästezimmerschrank verschwinden lassen. Mottenschutz ist bei der längeren Lagerung natürlich besonders wichtig.

Profitipp !

Kleidermotten sind eine echte Plage, die man nur mit großem Aufwand wieder loswird. Damit es erst gar nicht so weit kommt, sollten Sie Ihren Kleiderschrank regelmäßig reinigen und eventuell mit (duftendem) Schrankpapier auslegen. Vorbeugen kann man Mottenbefall außerdem mit Lavendelsäckchen, Zedernholz und Mottenschutzmittel. Sehen Sie beim Aufräumen gleich alle Kleidungsstücke gründlich durch. Haben sich die gefräßigen Falter schon eingeschlichen, werden Sie sie nur durch Heißwäsche, chemische Reinigung oder einwöchiges Einfrieren der Kleidung wieder los.

ENTSCHEIDUNGSHILFE

- Behalten Sie nur, was Ihnen wirklich passt, gefällt und in gutem Zustand ist.
- Wegwerfen können Sie alle Kleidungsstücke, die ihre besten Zeiten ganz sicher hinter sich haben oder kaputt und fleckig sind.
- Verschenkt oder verkauft wird, was länger als ein Jahr nicht getragen wurde, frühestens in 20 Jahren wieder die Laufstege erobert, unvorteilhaft oder unbequem ist.

Das Arbeitszimmer

Sie hält sich hartnäckig, die Legende vom kreativen Chaos. Tatsächlich aber motiviert das gemeine Schreibtischdurcheinander wohl die wenigsten Menschen zu produktivem Arbeiten, sondern lässt sie eher verzagen und das Weite suchen – mit dem Notebook und ihren Unterlagen unterm Arm, mit denen sie sich dann wahlweise an Küchen-, Ess- oder Wohnzimmertisch nieder-

lassen und das Chaos weiter in die Wohnung tragen. Und dehalb geht es im Folgenden darum, wie man im Arbeitszimmer inspirierende Leere schafft und konserviert.

WIE MAN DEN SCHREIBTISCH FREIRÄUMT Am Anfang steht wie üblich das Sortieren: Müll entsorgen, in eine Kiste packen, was nicht ins Büro gehört, entscheiden, welche Dinge bleiben dürfen. Die ordnen Sie dann in Gruppen: Stifte zu Stiften, USB-Sticks zu USB-Sticks, Büroklammern zu Büroklammern ... Wenn das erledigt ist, geht es an die effiziente Organisation des Arbeitsplatzes.

WAS AUF DEN SCHREIBTISCH GEHÖRT Die Schreibtischplatte ist der Nahbereich der oder der Arbeitenden. Hierher gehören nur Dinge, die man bei der Arbeit immer (wieder) braucht: Bildschirm, Tastatur, Maus, weiterhin ein Behälter für Büroutensilien mit mehreren Fächern für Stifte, Textmarker, Büroklammern, Post-its usw. und eventuell ein Tischkalender. In die stapelbaren Ablagekörbe auf dem Tisch wird die täglich ins Haus flatternde Post sortiert (nachdem alles, was nicht wichtig ist, gleich in den Papiermülleimer unter dem Schreibtisch gelandet ist).
Welches System Sie für die Ablage wählen, ist nicht so wichtig – Hauptsache, Sie haben eines. Bewährt haben sich die Kategorien „bezahlen", „erledigen" und „ablegen". Das Telefon nebst Notizzetteln darf natürlich auch nicht fehlen.

WAS IN DEN SCHREIBTISCH GEHÖRT Ordnen Sie in die Fächer und Schubladen des Schreibtischs oder eines Bürocontainers all die Dinge, die Sie regelmäßig, aber keineswegs immer brauchen: Ersatzstifte, Patronen, Lineal, Schere, Tesafilm, Klebstoff, Tacker und Stempel sind gut aufgehoben in einem zweckentfremdeten Besteckkasten in der obersten Schublade. In der Ebene darunter können Sie, falls möglich in einem Hängeregister, Briefumschläge, Geschäftspapier, Klarsichthüllen, Briefmarken und Ähnliches aufbewahren.

WAS SICH UM DEN SCHREIBTISCH GRUPPIERT Praktisch ist ein Regal, auf das Sie direkt von Ihrem Arbeitsplatz aus zugreifen können. Platzieren Sie Nachschlagewerke und Fachliteratur, auf die Sie häufig zugreifen, auf (Sitz-)Augenhöhe. Papier für den Drucker und weitere Vorräte an Büromaterial kommen auf das unterste Regalbrett, Ordner für die Ablage wichtiger Dokumente und abgeschlossener Vorgänge können Sie in die oberen Ränge platzieren. Schaffen Sie sich bei Bedarf außerdem einen weiteren Rollcontainer mit Hängeregister für die systematische Ablage von Unterlagen und Schriftverkehr zu aktuellen Vorgängen. Auf dem Rollcontainer, der sich in Griffweite befinden sollte, findet der Drucker Platz. Wenn Sie einen L-förmigen Schreibtisch haben, können Sie den Drucker und weitere Geräte auch auf der kurzen Seite aufstellen.

WIE MAN DIE BÜROAUSSTATTUNG PFLEGT Ziehen Sie den Netzstecker, bevor Sie sich an die Reinigung von Computer und Monitor machen. Wischen Sie die Kunststoffgehäuse der Geräte mit einem nebelfeuchten Tuch ab, ebenso das Telefon und die Tastatur. Eventuell können Sie einen Spritzer Neutralreiniger in das Putzwasser geben. Verzichten Sie bei der Reinigung von Kunststoffen auf alkohol- oder benzinhaltige Mittel: Sie greifen das Material an. Den Bildschirm stauben Sie mit einem antistatischen, weichen Tuch ab, wischen dann mit einem mit klarem Wasser befeuchteten Tuch nach und reiben ihn anschließend mit einem sauberem Mikrofasertuch trocken. Mousepads mit textiler Oberfläche mit einem Klebeband leicht abtupfen und so den Staub aufnehmen.

Tipp

Mit einem weichen Kosmetikpinsel kann man wunderbar die Tastatur entstauben. Wenn Sie die Pinselhaare vorher kurz reiben, laden sie sich statisch auf und nehmen den Staub noch besser auf. Hartnäckigen Staub zwischen den Tasten entfernt man mit einem Wattestäbchen.

Dicke Luft?

Was nützt das schönste Heim, wenn es nicht gut duftet? Um unangenehme Gerüche loszuwerden, müssen Sie aber nicht unbedingt zur chemischen Keule greifen.

UNANGENEHME GERÜCHE NEUTRALISIEREN

Natron ist eine wahre Allzweckwaffe: Bei Gerüchen im Kühlschrank ein Päckchen Natron auf einen Teller streuen, diesen in den Kühlschrank stellen. Müffelt's aus dem Abfluss: Natron hinein, ein paar Minuten einwirken lassen, sehr heißes Wasser hinterher. Riechen Hände und Holzbrett nach dem Zwiebelschneiden, einfach etwas Natron ins Abwaschwasser geben.

Nach dem Anstrich hängt der **Geruch der Wandfarbe** oft noch tagelang in der Luft. Stellen Sie in den frisch gestrichenen Räumen Schüsseln mit **Salz** auf, das bindet den Geruch. Das Salz können Sie danach nicht mehr verwenden. Alternativ hilft eine Mischung aus Zwiebeln und dem Inneren eines Brötchens oder Brotes.

Falls die **Wohnung** ein wenig **unangenehm riecht,** etwas **Milch** erwärmen, in eine Schüssel geben und in den betroffenen Raum stellen. Ein paar Stunden stehen lassen, und Sie können wieder durchatmen. Diese Methode können Sie auch anwenden, wenn's im Schrank müffelt: Heiße Milch in den Schrank stellen, Türe schließen und warten, bis die Milch abgekühlt ist.

Schlechten **Geruch in Koffern und Truhen** kann man sehr wirkungsvoll mit **Kaffee** bekämpfen. Kaffee in einen Nylonstrumpf füllen, in den Koffer legen und abwarten. Den gleichen Trick verwenden übrigens auch Autohändler, um dicke Luft aus gebrauchten Fahrzeugen zu vertreiben.

Blumenwasser beginnt nicht zu stinken, wenn Sie ein Stück **Holzkohle** mit in die Vase geben.

Gegen **müffelnde Schuhe** hilft **Katzenstreu**. Streu in ein Paar alte Nylonstrümpfe füllen und ab in den Schuh damit. Oder Natron in die Schuhe streuen, über Nacht wirken lassen und am nächsten Morgen mit dem Staubsauger wegsaugen.

Ebenfalls ein guter **Geruchskiller** bei schlechtem Raumduft ist zerbröselte **Bäckerhefe**. Funktioniert auch im Kühlschrank.

DIE RAUMLUFT AROMATISIEREN

Legen Sie einen frischen Zweig **Thymian, Rosmarin oder Lavendel** auf die heiße Espressomaschine oder eine noch leicht warme Kochplatte, um Rauchgeruch oder Essensgerüche nach einer Party mit angenehmen Kräuterdüften zu vertreiben.

Wenn Sie ein paar Tropfen **Parfüm** auf eine Glühbirne träufeln, verteilt sich der Duft im ganzen Zimmer, wenn die Birne warm wird (das tun allerdings nur herkömmliche Leuchtkörper, Energiesparlampen und Neonröhren werden nicht warm genug).

Dufte Wände gibt's, wenn Sie beim Anstreichen zwei Teelöffel **Vanillearoma** in den Farbeimer mischen.

Ebenfalls nach Vanille riecht es, wenn Sie eine angeritzte **Vanilleschote** im Zimmer aufhängen. Wenn der Duft nachlässt, einfach erneut einritzen.

Eine mit zwei oder drei Gewürznelken gespickte **Orange** sorgt für zart parfümierte Raumluft.

Für ein **selbst gemachtes Raumspray** mischen Sie einfach Wasser und etwas Zitronensaft oder Lavendelöl in einem Zerstäuber.

Nach längerer Abwesenheit riecht die Luft in der Wohnung oft abgestanden. Leben Sie darum vor Ihrer Abreise **Minzeblätter** auf den Fußboden. Bei Ihrer Rückkehr werden Sie von einem angenehmen Duft empfangen.

Ökotipp

MYRTENÖL
Ein überaus potenter und vielseitig einsetzbarer Geruchskiller ist Myrtenöl.

- Zum Abwaschen von Böden und Kacheln 10 Tropfen Myrtenöl auf 10 Liter Wasser geben, bei sehr empfindlichen Materialien nur 5 Tropfen verwenden und Lösung an einer unauffälligen Stelle testen.

- Für ein Raumspray mischt man 2 Tropfen Myrtenöl mit 100 ml Wasser. Diese Mischung kann man auch direkt auf Polstermöbel oder abwaschbare Flächen sprühen.

- Im Wasserschälchen der Duftlampe wirken 2 Tropfen Myrtenöl Wunder. Wer mag, kann noch 2 bis 4 Zitrusöl dazugeben.

Putzen

Der Einstieg

Mentales Warm-up

Putzen ist kein Hexenwerk. Was leider auch bedeutet, dass die Arbeit sich nicht von allein tut. Aber wer ein paar Grundregeln beachtet, strategisch klug vorgeht, die richtigen Gerätschaften und Reinigungsmittel zur Hand hat und im Notfall auch mal improvisiert, macht sich das Leben entschieden leichter – und spart auch noch viel Zeit.

WARUM PUTZEN SICH LOHNT Putzen hat eine Menge Vorteile: Danach ist die Wohnung blitzblank und gemütlich, und Spontanbesuche von Freunden und Verwandten verlieren (zumindest teilweise) ihren Schrecken. Wer regelmäßig putzt, hat auch länger Freude an seiner Inneneinrichtung. Regelmäßiges Staubsaugen zum Beispiel verhindert, dass Schmutz sich tief in den Teppich tritt und die Fasern zerstört, und bei guter Pflege haben Holzmöbel eine deutlich höhere Lebenserwartung. Nicht zu unterschätzen ist auch der meditative oder therapeutische Wert des Putzens: Man kann seine Gedanken einfach schweifen lassen und über die verschiedensten Dinge in Ruhe nachdenken. Oder überschüssige Energie loswerden und Wut ablassen. Und wer eine Stunde schrubbt und wienert, verbraucht auch noch ordentlich Kalorien!

WESHALB MAN ES TROTZDEM NICHT TUT Trotz aller Vorteile ist Putzen für die meisten von uns eine lästige Pflicht und sorgt flächendeckend und generationsübergreifend für Anfälle von Aufschieberitis – Gründe, warum man den Putzlappen gerade jetzt nicht in die Hand nehmen kann oder will, finden sich immer. Leider wird der Zustand des Haushalts damit nicht besser, und früher oder später werden Sie zähneknirschend einen ganzen Tag oder gar mehr von Ihrer wertvollen Freizeit opfern müssen, um die Angelegenheit buchstäblich ins Reine zu bringen.

Wenn aber einmal alles gründlich durchgeputzt ist, sollten Sie einen Strategiewechsel in Erwägung ziehen. Teilen Sie sich die Arbeit in Zukunft in überschaubare Häppchen ein, das hebt die Moral und ist letztlich wirkungsvoller als ein groß angelegter Hausputz alle sechs Wochen.

Vor allem: Setzen Sie sich einen erreichbaren „Sauberkeitsstandard" zum Ziel, der Ihrem Lebensstil entspricht, sonst scheitern Sie möglicherweise an Ihren eigenen, unrealistischen Erwartung. Es muss keinesfalls immer überall picobello aussehen, nur weil das bei den Nachbarn, in der Werbung oder bei der Schwiegermutter offenbar so ist. Entscheidend ist einzig und allein, dass Sie und Ihre Familie oder Mitbewohner sich in Ihrer Wohnung wohlfühlen.

WAS HILFT Setzen Sie bei der Planung Ihrer Putzaktivitäten Prioritäten. Dass Bad und Küche häufiger einer Reinigung bedürfen als das Gästezimmer, versteht sich von selbst. Wenn Ihnen arbeitsreiche Zeiten am heimischen Schreibtisch bevorstehen, ist es vielleicht sinnvoller, dort den Putzlappen zu schwingen, als sich dem Wohnzimmer zu widmen. Vielleicht aber lieben Sie auch das kreative Chaos und brauchen ein sauberes und aufgeräumtes Wohnzimmer, um dort Kraft zu tanken und zur Ruhe zu kommen. Sollten Sie einmal keine Zeit oder Lust haben, können Sie sich auch nur eine kleine Aufgabe vornehmen, die sich rasch erledigen lässt, aber große Wirkung zeigt, z. B. das Waschbecken im Bad putzen und die Armatur mit einem Handtuch polieren, das sowieso in die Wäsche muss.

Nützliche Vorbereitungen

Wenn Sie Schwierigkeiten haben, sich zum Putzen zu motivieren, kann Sie Ihre Lieblingsmusik vielleicht in Schwung bringen. Kurz wird einem die Zeit auch, wenn man ein Hörspiel hört oder sich mit einem Sprachkurs auf den nächsten Urlaub einstimmt – dann ziehen Sie gleich doppelten Nutzen aus Ihren Anstrengungen.

DAS ERLEICHTERT DIE ARBEIT

Bevor Sie den Besen in die Hand nehmen, sollten Sie für ein Mindestmaß an Ordnung sorgen (diese Aufgabe kann man übrigens auch an andere Familienmitglieder oder Mitbewohner delegieren). Die Zeit, die Sie (oder andere) damit verbringen, sparen Sie beim Putzen spielend wieder ein, weil Sie mit dem Staubsauger nicht um Zeitungsstapel, Schuhe, Kleiderberge, Kinderspielzeug etc. kurven müssen und barrierefrei Staub wischen können. Wenn Sie gar keine Lust haben, alles sofort dahin zu räumen, wo es hingehört, können Sie auch einen schnellen Rundgang mit einem Wäschekorb machen, in dem Sie die herumliegenden Sachen „zwischenlagern".

Bewahren Sie alle Putzmittel, die Sie regelmäßig benutzen, in einem Eimer auf, am besten auch noch Putz- und Staubtücher sowie Gummihandschuhe. Dann ist alles immer griffbereit, und Sie können jederzeit loslegen. Wer auf mehreren Stockwerken lebt, sollte auf jeder Etage oder an mehreren strategisch günstigen Punkten eine Basisausrüstung deponieren – und sich damit lästiges Hin- und Hertragen ersparen.

Manche Putzmittel entfalten ihre Reinigungskraft erst nach einigen Minuten. Geben Sie Ihnen Zeit zum Einwirken und erledigen inzwischen andere Aufgaben – oder machen Sie eine kleine Pause.

Profis arbeiten nach oben von unten, denn auch Dreck gehorcht der Schwerkraft. Beginnen Sie damit, Spinnweben an Decken und Wänden zu entfernen und Decken-

Dem Schmutz vorbeugen

Ein Großteil des Drecks, den wir in mühevollen Putzaktionen aus dem Haus schaffen, tragen wir von draußen rein. Einen probaten Schutz bietet ein doppeltes Fußmattensystem: Eine Matte (oder ein Gitter) vor der Haus- oder Wohnungstür sorgt dafür, dass der schlimmste Dreck draußen bleibt, eine weitere Matte in der Wohnung übernimmt den Rest. Diese Schmutzfänger muss man natürlich regelmäßig ausschütteln. Wer sein Heim zur straßenschuhfreien Zone erklärt, hat später noch weniger Arbeit.

Stellen Sie in den Zimmern, wo häufiger (Papier-)Müll anfällt – Küche, Bad, Arbeitszimmer, Kinderzimmer – Papier- bzw. Mülleimer auf, dann müssen Sie weniger auf den Knien rumkriechen, um Bonbonpapiere, Papierschnipsel, Obstschalen usw. aufzusammeln.

Regelmäßiges Lüften schützt insbesondere Feuchträume vor Schimmelbildung.

lampen abzuwischen. Schütteln Sie dann Vorhänge und Gardinen aus und stauben Sie Regale und Schränke von oben nach unten ab, anschließend sind Tische und Stühle dran. Und ganz zum Schluss saugen oder wischen Sie den Boden – und weg ist der Dreck.

■ Gehen Sie systematisch vor: Arbeiten Sie sich zum Beispiel gegen den Uhrzeigersinn durch den Raum, dann übersehen Sie so leicht nichts. Statt Regale, Anrichten oder Ähnliches zum Putzen komplett auszuräumen, können Sie von einer Seite zur anderen arbeiten: Erst alles nach rechts räumen und links wischen, dann umgekehrt.

■ Vielen Menschen geht die Arbeit leichter von der Hand, wenn sie nach immer gleichem Schema vorgehen. Wenn jeder Handgriff automatisiert ist, hat man den Kopf frei für anderes. Im Idealfall merkt man gar nicht mehr, dass man gerade putzt.

■ Übertreiben Sie nicht: Nirgendwo steht geschrieben, dass man jede Woche hinterm Sofa saugen muss, und man kann auch weiterleben, wenn die Wäsche nicht tipptopp gebügelt im Schrank liegt.

Utensilien & Reinigungsmittel

Wer effektiv putzen will, braucht nicht nur ein bisschen Motivation, sondern natürlich auch das richtige Werkzeug. Inzwischen gibt es auf dem Markt ganze Reinigungssysteme, die der Putzfee oder dem Staubfänger unentbehrliche Waffen im Kampf gegen den Schmutz sein sollen – und eine Menge Geld kosten. Aber keine Angst, die Grundausstattung kostet kein Vermögen und passt dazu noch bequem in einen Eimer; und obwohl es Reinigungsmittel wie Sand am Meer gibt, benötigt man zur Pflege seines Heims letztlich nur eine Handvoll Alleskönner.

DIESE PUTZGERÄTE BRAUCHEN SIE UNBEDINGT

- Staubsauger mit diversen Aufsätzen
- Besen (bei Bedarf auch einen Straßenbesen)
- Handfeger und Kehrblech
- Wischmopp (und eventuell passenden Eimereinsatz)
- Eimer
- Schrubber
- Aufnehmer
- Putzlappen
- Schwämme
- Fensterleder
- Mikrofasertücher
- Staubtuch

DAS KANN NICHT SCHADEN

- Gummihandschuhe
- Sprühflaschen für selbst gemachte Putzmittel
- Schaber (wie zum Reinigen von Ceranfeldern)
- Küchenpapier
- alte Zahnbürsten
- Leiter

Profitipp !

Legen Sie zum Putzen Ihren Schmuck ab – Edelsteine können empfindlich auf den ausgiebigen Kontakt mit Wasser und Chemikalien reagieren. Außerdem empfiehlt es sich zum Schutz von Händen und Nägeln, im Umgang mit Chemikalien Gummihandschuhe zu tragen.

AUCH PUTZUTENSILIEN BRAUCHEN PFLEGE Leider ist die Arbeit noch nicht ganz getan, wenn die Wohnung endlich blinkt, denn dann sind die Geräte dran. Putzlappen und Aufnehmer gehören regelmäßig in die Wäsche (ohne Weichspüler!), der Wischmopp sollte immer gründlich ausgewaschen werden. Auch der Besen freut sich von Zeit zu Zeit über ein Bad in Seifenlauge. Hängen Sie ihn am besten so auf, dass die Borsten nicht eingedrückt werden. Sollte das doch mal passieren, über kochendes Wasser halten. Im heißen Dampf richten sich die Borsten wieder auf. Staubtuch gut ausschütteln (natürlich draußen). Fensterleder sollte man nach dem Auswaschen mit Seifenwasser und gründlichem Ausspülen nicht auf der Heizung trocknen, dort werden sie hart. Staubsaugerbeutel wechseln, wenn sie gut halb voll sind – das kommt der Saugkraft des Gerätes zugute.

DIESE PUTZMITTEL BRAUCHEN SIE

- Allzweck-/Neutralreiniger
- Essigreiniger
- sanftes Scheuermittel
- Glasreiniger
- Essig(essenz)
- Badreiniger
- Möbelpolitur
- Natron
- (Wasch-)Soda

DIESE SIND AUSGESPROCHEN HILFREICH

- Glyzerin
- Petroleum
- Spiritus

SICHERHEITSHINWEISE Kaufen Sie Ihre Reinigungsprodukte nicht wahllos, sondern informieren Sie sich, was drin ist. Auf Mittel, die als ätzend, giftig, explosiv usw. gelten, sollte man so weit wie möglich verzichten. Achten Sie auf die Anweisungen des Herstellers, mischen Sie Produkte, die Chlorbleiche enthalten, nie mit Mitteln, die Ammoniak (Salmiakgeist) enthalten, denn dabei entstehen gefährliche Gase. Bewahren Sie Reinigungsmittel kindersicher auf und lassen Sie, wenn Sie mit Kindern zusammenleben, den Putzeimer nie unbeaufsichtigt.

Grundtechniken

Fegen, saugen & wischen

Es klingt ebenso selbstverständlich wie simpel, wird aber erstaunlich oft nicht umgesetzt: Wer seine Putzgeräte handhabt wie ein Profi, putzt schneller und nachhaltiger. Ersparen Sie sich also das Erlebnis „Putzen ohne Saubermachen".

RICHTIG FEGEN Im Zeitalter des Staubsaugers ist der Besen ein wenig in Vergessenheit geraten, dabei ist er häufig die schnellere Alternative. Gefegt wird von den Ecken zur Mitte, dann sammelt sich dort kein Dreck. Dabei muss man den Besen nicht mit Kraft schieben: Zieht man ihn sanft, schont das die Borsten oder Haare. Besen außerdem immer hängend aufbewahren.

Manch einer schwört für die kleine Reinigung zwischendurch auch auf den Trockenmopp, der Schmutz und Staub aufnimmt und Glanz auf den Boden zaubert. Wichtig: Der Mopp muss die ganze Zeit auf dem Boden aufliegen, erst am Schluss anheben und draußen ausschütteln, sonst war die Mühe umsonst.

GEKONNT STAUBSAUGEN Bevor man das Gerät in die Hand nimmt, sollte man erst einmal für freie Bahn sorgen und Kleinteile wie Münzen, Legosteine und Büroklammern vom Boden aufsammeln. Teppich saugt man mit hochgeklappter Bürste, Fliesen und Parkett mit runtergeklappter – sonst gibt's Kratzer. Zum Saugen von (Polster-)Möbeln, Vorhängen, Gardinen und Teppichfransen sollten Sie den Aufsatz wechseln und zu Polsterdüse oder Möbelbürste greifen und die Saugleistung reduzieren, sonst verschwindet leicht die halbe Gardine im Staubsauger.

ZUR TECHNIK Fahren Sie mit dem Sauger langsam über den Boden, immer etwa einen Meter vor und zurück. Die Streifen sollten sich leicht überlappen. Bei normal verschmutzten Flächen reicht es, zwei- bis dreimal darüberzufahren, im schlimmsten Fall müssen Sie auch deutlich häufiger über die Krisenbereiche gehen. Ganz zum Schluss werden Ränder und Ecken gesaugt. Achten Sie beim Saugen darauf, nicht zu heftig an den Möbeln oder Türkanten anzuecken – das sieht man früher oder später. Der Staubsaugerbeutel sollte gewechselt werden, wenn er etwas mehr als halb voll ist, unangenehm zu riechen beginnt oder die Saugleistung nachlässt. Den Staubsauger nebst Rädern nach Gebrauch mit einem feuchten Tuch säubern.

SAUBER WISCHEN Hier gilt wie beim Kehren: von den Ecken in die Mitte wischen. Den Boden vorher fegen, moppen oder saugen. Arbeiten Sie sich immer in Richtung Tür vor, sonst verderben am Ende Ihre eigenen Fußtapser das Ergebnis. Wenn es die Temperaturen zulassen, kann man die Fenster öffnen, dann trocknet der Boden schneller. Beim großen Wisch vorher die Fußleisten mit einem feuchten Tuch reinigen, störende Möbel wegräumen (Stühle umgedreht über den Tisch hängen usw.) und auch unter den Schränken putzen, beim kleinen Wisch putzt man sich nur an die Hindernisse heran. Nur Teile des Raums zu wischen ist nicht klug: Das gibt unter Umständen Schmutzränder und fällt noch mehr auf als ein dreckiger Boden. Insbesondere Metallteile am Wischgerät sollte man nach Gebrauch trocken reiben, sonst könnten sie rosten.

Die Küche

Zentrale Herausforderung

In den meisten Wohnungen und Häusern wird in der Küche nicht nur gekocht, sondern auch gegessen, gefeiert, gebastelt oder gelernt, kurzum: Sie ist das soziale Zentrum des Haushalts, wo sich alle gern aufhalten. Kein Wunder also, dass man hier besonders oft putzen und dabei an den verschiedensten Fronten aktiv werden muss: Kochdünste hinterlassen einen klebrigen Film auf Herd, Arbeitsplatte, Möbel und Boden, Brotkrümel verteilen sich über Tische und Bänke, Soßenkleckse und diverse Speisereste finden sich (gerade nach Partys und großen Familienessen) in den unmöglichsten Ecken.

TÄGLICH

■ Sorgen Sie dafür, dass der Esstisch nach jeder Mahlzeit abgeräumt und abgewischt wird. Nach dem Kochen und Essen sollten Sie regelmäßig spülen und die Kochgeräte säubern und wegräumen. Wischen Sie Spritzer und Kleckse sofort weg – je länger Sie damit warten, desto hartnäckiger werden sie.

■ Hilfreich ist es, wenn Sie parallel zum Kochen schon ein wenig aufräumen: benutzte (Koch-)Löffel, Messbecher, Schüsseln, Teller usw. entweder in heißem Wasser einweichen oder gleich in die Spülmaschine räumen. Alles, was mit Geflügel, Fleisch, Fisch oder rohen Eiern in Berührung gekommen ist, sollte man sowieso sofort gründlich sauber machen sowie eventuell ausgetretene Flüssigkeiten, Eiklar oder -gelb auf Arbeitsfläche oder Möbeln mit Küchenpapier wegwischen und das Papier entsorgen.

■ Ist nach dem Essen alles gespült und/oder in der Spülmaschine verschwunden, Arbeitsflächen, Wandfliesen, Herd und Mikrowelle mit einem Schwamm und sauberem Spülwasser abwaschen und mit Küchenpapier oder einem sauberen Tuch trocken wischen.

Wenn man dann noch täglich den Boden fegt (oder saugt) und den Mülleimer alle ein bis zwei Tage leert, nebst Deckel von innen auswischt und von außen reinigt, ist das schon die halbe Miete.

WÖCHENTLICH

Mindestens einmal pro Woche sollte der Küchenfußboden mit Wasser in Berührung kommen, bei Chaosköchen und in Großhaushalten auch häufiger. (Wenn Sie dagegen am liebsten auswärts essen und Ihre Küche nur morgens zum Kaffeekochen betreten, wischen Sie am besten nach Bedarf.) Wenn's nötig ist, halten die meisten gefliesten Küchenböden auch einer energischen Behandlung mit dem Schrubber stand. Einen Spritzer Spülmittel oder Neutralreiniger (alternativ kann man auch 250 ml Essig auf 4 l warmes Wasser verwenden) ins Putzwasser geben und loslegen, dabei in Richtung Tür arbeiten, damit Sie nicht mehr über den frisch geputzten Boden laufen müssen.

Auch der Küchenabfluss muss regelmäßig gereinigt werden. Dazu eine Verschlusskappe Soda in den Abfluss streuen und kochendes Wasser hinterhergießen. Das beugt Geruchsbildung und Rohrverstopfung vor. Bei drohender Verstopfung kann es auch helfen, ein Glas Cola in den Ausguss zu kippen.

Fahnden Sie außerdem im Kühlschrank nach abgelaufenen oder verschimmelten Lebensmitteln: Diese können den gesamten Kühlschrank kontaminieren.

Wischen Sie die Küchenfronten mit einem Gemisch aus vier Litern warmen Wasser und Neutralreiniger oder 100 ml Essig ab.

MONATLICH

Am besten wählen Sie einen festen Termin für die einmal im Monat anstehenden Arbeiten, etwa jeden letzten Freitag im Monat.

Entkalken Sie regelmäßig Wasserkocher und Kaffeemaschine. Das spart Energie und verlängert die Lebenszeit der Geräte. Dazu Wasserkocher füllen, einen guten Schuss

Essig zugeben, das Ganze aufkochen und (über Nacht) stehen lassen, dann gründlich ausspülen und mindestens einmal Wasser aufkochen und wegschütten. Die Kaffeemaschine entkalken Sie ebenfalls mit einem Wasser-Essiggemisch (statt Essig geht auch ein Esslöffel Zitronensäure). Maschine einmal durchlaufen lassen, dann noch zwei „Leerläufe" mit reinem Wasser machen.

Waschen Sie Kühlschrank und Gefrierfach mit warmem Wasser und Natron aus – Spülmittel könnte Gerüche an die Lebensmittel abgeben. Wenn nötig, Gefrierfach abtauen und säubern.

Glanz für Edelstahl- und Keramikspülen

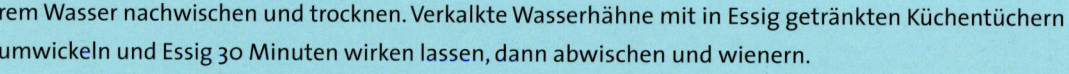

Um **Edelstahl** zum Glänzen zu bringen, braucht man nicht unbedingt Chemie. Wenn man die Flächen mit rohen Kartoffelschalen abreibt und mit einem Tuch nachpoliert, kann man sich auch drin spiegeln. Ebensogut funktioniert's, wenn man das Becken mit einer Paste aus Backpulver und Wasser ausreibt (und danach gründlich nachspült und trocken wischt). Kalkflecken kann man mit einer aufgeschnittenen Zitrone oder mit einem mit Essigessenz beträufelten Tuch bearbeiten, danach mit klarem Wasser nachwischen und trocknen. Verkalkte Wasserhähne mit in Essig getränkten Küchentüchern umwickeln und Essig 30 Minuten wirken lassen, dann abwischen und wienern.

Keramikspülen blinken wieder, wenn man sie mit heißem Wasser volllaufen lässt und ein Spülmaschinen-Tab dazugibt. Mischung über Nacht einwirken lassen. Hartnäckige Flecken verschwinden, wenn man sie mit Mineralwasser bearbeitet.

- Widmen Sie sich außerdem dem Innenleben von Küchenschränken und -schubladen: Nacheinander ausräumen, aussaugen, mit Allzweckreiniger oder einer zu gleichen Teilen aus Essig und Wasser bestehenden Lösung einsprühen, auswischen, nachwischen und gut trocknen lassen.

- Einmal im Monat sollte der Mülleimer mit Seifenlauge oder Essigwasser ausgewaschen werden. Danach gut trocknen lassen, damit sich kein Schimmel bildet.

MEHRMALS IM JAHR

- Der Backofen sollte regelmäßig grundgereinigt werden – was aber durch ein Auswischen nach jeder Benutzung deutlich erleichtert wird. Genauere Hinweise zur Backofenreinigung finden Sie weiter hinten in diesem Buch.

- Holzoberflächen (z.B. Schneidbretter) sollten Sie in regelmäßigen Abständen mit Öl einreiben, das schützt gegen Flecken, Gerüche und Bakterien. Dazu das Öl (z.B. Olivenöl) leicht erwärmen, in Richtung Maserung auftragen, sechs Stunden einwirken lassen und Reste mit einem weichen Tuch abnehmen.

- Durchforsten Sie alle paar Monate Ihre Vorratsschränke nach abgelaufenen oder verdorbenen Lebensmittel und entsorgen Sie diese. „Lieblingsnahrungsmittel", die Sie oft und gern essen und daher nachkaufen, werden Sie ohnehin im Blick haben, aber kümmern Sie sich auch um Stiefkinder wie Gewürze, selten gebrauchte Backzutaten und angebrochene Müslipackungen aus der letzten Diätphase ...

- Aufgrund der Koch- und Bratendünste, des Spülwasserdampfes und den beim regelmäßigen Putzen verteilten Spritzern bedürfen Fenster in der Küche häufiger einer Grundreinigung. Hier nicht nach Kalender, sondern nach Bedarf putzen ...

- Die gefliesten Wandflächen hinter Herd, Arbeitsfläche und Co. wischt man zwar am besten gleich nach dem Kochen ab, aber dabei beschränkt man sich zumeist auf die Bereiche, die am meisten abgekriegt haben, oder die am leichtesten zu erreichen sind. Gönnen Sie Ihren Fliesen daher ab und an eine großflächige, intensive Säuberung.

Spülberge ade!

Glücklicherweise übernimmt in den meisten Haushalten heute eine Spülmaschine das Reinemachen von Geschirr und Besteck – dennoch gilt es auch hier die eine oder andere Regel zu beachten, damit das das Ganze auch wirklich sauber wird. Pfannen und Töpfen sowie empfindliche Gläsern und Porzellan eignen sich weniger für die automatische Wäsche. Ihnen rückt man besser mit Spülschwamm und Bürste zu Leibe.

SPÜLREIHENFOLGE BEIM ABWASCH

- Gläser, Tassen
- Besteck
- scharfe Messer
- Teller und Schüsseln
- Töpfe und Pfannen

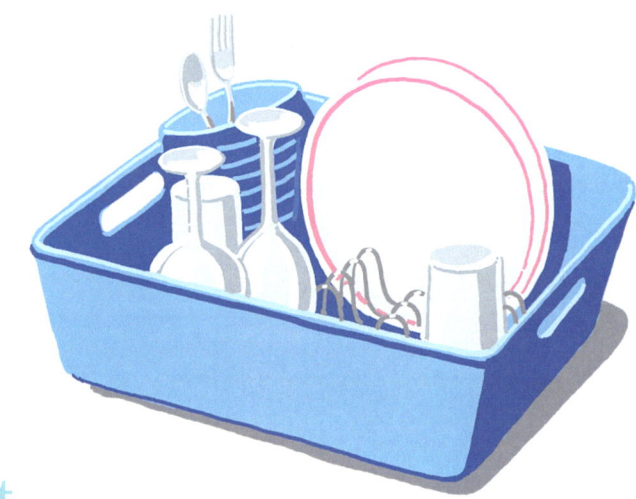

Wenn der Mensch spült

Am besten erledigt man den Abwasch sofort. Radio einschalten oder CD mit lauter, fröhlicher Musik einlegen, das wendet Spüldepressionen ab. Das Spülwasser wird erneuert, wenn es schmutzig oder fettig ist. Ganz besonders strahlt das Geschirr, wenn Sie dem Spülwasser einige Spritzer Essig zugeben. Normales Geschirr mit Spüllappen oder Spülbürste abwaschen, hartnäckige Verkrustungen in Töpfen mit einem Topfkratzer bearbeiten. Der ist jedoch nichts für empfindliche Oberflächen. Spülschwämme sind übrigens wahre Bakterienherde, darum sollten sie regelmäßig durch neue ersetzt werden. Spülbürsten können auch

Tipp

Die perfekte Ausrede für alle, die nicht gern abtrocknen: Es ist nicht nur praktischer, sondern auch hygienischer, Geschirr an der Luft trocknen zu lassen, da sich an Geschirrtüchern gern Keime tummeln, die sich beim Abtrocknen auf das gesamte Geschirr verteilen.

in die Spülmaschine, sollten aber auch regelmäßig ausgewechselt werden. Sehr empfindliche Teile spült man am besten in einer Plastikschüssel, alternativ kann man das Spülbecken auch mit einem Geschirrtuch auslegen. Und vergessen Sie das Nachspülen mit klarem Wasser nicht, damit die Keime aus dem Spülwasser sich nicht weiter auf dem Geschirr tummeln.

GLÄSER Achten Sie darauf, dass das Wasser nicht zu heiß ist: Empfindliche Gläser könnten springen, darum Gläser immer seitlich und nicht mit dem Fuß zuerst ins Wasser legen. Ein paar Spritzer Zitrone im Abwaschwasser sorgen für neuen Glanz bei alten Gläsern. Oder Essig ins Spülwasser, danach klar nachspülen, anschließend polieren. Gläser sollten grundsätzlich nach dem Spülen abgetrocknet werden, Lufttrocknen hinterlässt Wasser- oder Kalkflecken.

BESTECK Edelstahlbesteck sollte man nicht mit Spülmitteln mit Zitronenaroma waschen, da das Metall unter Umständen empfindlich auf die Zitronen reagiert. Für Silberbesteck verwendet man am besten ein mildes, phosphatfreies Spülmittel. Danach abspülen und mit einem weichen Tuch nachpolieren. Hohles Silberbesteck nicht zu lange einzuweichen, ebensowenig versilbertes Besteck, da das Basismaterial zu rosten beginnen könnte.

ANGEBRANNTES, VERFÄRBTES ODER ANGELAUFENES KOCHGESCHIRR Bei größeren Verbrennungen Wasser mit Backpulver/Natron, Essig oder Spülmittel in den Topf oder die Pfanne geben, einige Stunden einwirken lassen, dann aufkochen und Angebranntes entfernen. Alternativ kann man auch Salz auf das Angebrannte streuen und solange erhitzen, bis es braun wird. Danach den Topf ausspülen. Diese Prozedur macht übrigens auch üblen Gerüchen im Kochgeschirr den Garaus.
Bewahren Sie keine Speisen in Aluminiumtöpfen auf, denn dadurch kann es zu Verfärbungen kommen. Ist das schon passiert, werden sie wieder wie neu, wenn man darin Zitronensaft oder Apfelschalen aufkocht. Angelaufene Kupferkessel kann man von außen mit einer in Salz getauchten Zitronenhälfte behandeln.
Gusseiserne Pfannen nach dem Abwasch gründlich abtrocknen und von innen mit Öl ausreiben. Bei hartnäckigem Schmutz außen hilft Backofenreiniger.

Wenn die Maschine spült

Eine Spülmaschine ist von beinahe unschätzbarem Wert, wenn es um das Aufräumen und Saubermachen in der Küche geht. Um optimal davon zu profitieren, sollte man sie auch richtig bedienen.

EINRÄUMEN In den Geschirrspüler gehören nur Teile, die als spülmaschinenfest gekennzeichnet sind, im Zweifel lieber mit der Hand spülen. Bei den modernen Geräten ist Vorspülen überflüssig – es macht unnötig Arbeit und kostet auch noch Energie. Räumen Sie das Geschirr so ein, wie in der Gebrauchsanweisung Ihres Geräts beschrieben. Essensreste vorher von den Tellern wischen. Spülmaschinenfeste Plastikteile sind im oberen Korb gut aufgehoben, scharfe Messer legt man dort flach hin oder steckt sie mit der Spitze nach unten in den Besteckkorb. Mischen Sie dort nicht Edelstahlbesteck und versilberte Teile – darunter könnte das Silber leiden. Am saubersten wird das Geschirr, wenn die schmutzige Seite den Spülarmen zugewandt ist. Überladen Sie die Maschine nicht, sonst müssen Sie mit der Hand nachspülen.

DOSIERUNG DES GESCHIRRSPÜLMITTELS Folgen Sie den Dosieranweisungen des Geräteherstellers (entscheidend ist der Härtegrad des Wassers). Salz und Klarspüler müssen regelmäßig nachgefüllt werden. Wann das nötig ist, zeigt entweder das Gerät an, oder Sie müssen selbst nachschauen. Dauert es zu lange, bis die Maschine voll ist, können sich unangenehme Gerüche entwickeln. Dagegen hilft ein kurzer Spülgang ohne Zusätze.

Profitipp !

Wenn das Normalbesteck fleckig aus der Spülmaschine kommt, hilft eine halbe Zitrone oder ein zerknülltes Stück Alufolie im Besteckkorb (nach einmaliger Benutzung entsorgen).

PFLEGE Wischen Sie das Gerät regelmäßig von außen ab, ebenso die Gummidichtungen. Von innen können Sie die Maschine nebst Spülarmen mit Haushaltsreiniger säubern, und gelegentlich empfiehlt sich ein Leerlauf mit Spülmaschinenreiniger. Das Sieb muss ebenfalls regelmäßig gesäubert werden: Dort können sich Essensreste ansammeln, die die Leistung des Geräts beeinträchtigen und auch noch unangenehm riechen.

Hygiene im Haushalt

Glaubt man der Werbung, lauern im Haushalt überall Mikroben, die man mit einer ganzen Armada antibakterieller Reinigungsmittel bekämpfen muss, und häufig wird eine regelmäßige Desinfektion vor allem von Bad und Küche empfohlen. Dabei warnen Fachleute eher vor dem Einsatz „chemischer Keulen", denn diese haben ein erhebliches Allergiepotenzial, bringen für Kinder und alte Leute gar neue Vergiftungsgefahren mit sich und belasten zudem noch massiv die Umwelt. Beachtet man im Haushalt ein paar Grundregeln, droht von Mikroben und Keimen keine Gefahr.

GRUNDPFLEGE Grundsätzlich sollte man alle Räume der Wohnung regelmäßig (empfohlen: einmal wöchentlich) reinigen: Oberflächen und Arbeitsplatten mit heißer Seifenlauge und einem sauberen Tuch abwischen, dabei Lichtschalter sowie Tür- und Schubladengriffe usw. nicht vergessen. Böden fegen, saugen und nass wischen, in Küche und Bad bei Bedarf auch mal zwischendurch, dabei das Putzwasser häufig wechseln.

Putz- und Wischtücher nach Gebrauch regelmäßig bei 60 °C waschen und irgendwann auch austauschen.

Auch das Wasser in Blumenvasen sollte man regelmäßig wechseln, denn dort vermehren sich Bakterien besonders gut. Überhaupt lauern dort, wo Feuchtigkeit im Spiel ist, die meisten Keime, also in Küche und Bad. Hier ist häufiges, regelmäßiges und gründliches Lüften fast genauso wichtig wie das Putzen selbst.

Profitipp !

Dichten Sie Ritzen und Spalten im Küchenarbeitsbereich mit Silikon ab: Dann dringt dort keine Feuchtigkeit mehr ein, und Schimmel hat keine Chance. Die simpelste und doch wichtigste Regel im Kampf gegen Keime: Damit Bakterien nicht munter weitergetragen werden, sollte man sich regelmäßig die Hände waschen, insbesondere vor und nach der Verarbeitung von Lebensmitteln und nach dem Toilettengang.

DIE KÜCHE Hier beugt man der Bakterienplage am besten vor, wenn man es sich zur Gewohnheit macht, direkt nach dem Kochen aufzuräumen: Schmutziges Geschirr wird gleich ab- und mit klarem Wasser nachgespült oder verschwindet in der Spülmaschine, Arbeitsflächen und Küchengeräte werden mit heißer Seifenlauge geputzt. Ganz wichtig ist es, nach der Verarbeitung von rohem Fleisch und Fisch sowie Eiern Arbeitsfläche und Schneidbrett gleich mit heißem Spülwasser zu reinigen und den Lappen danach nicht mehr zu benutzen, sondern in die Wäsche zu geben. Gönnen Sie sich alle paar Tage frische Spül- und Geschirrtücher, die schmutzigen kommen bei 60 °C in die Wäsche. Schmutzflecken und Bröselberge beseitigt man am besten sofort, denn die haben eine magische Anziehungskraft für Ameisen, Schaben und ähnliches Getier. Leeren Sie regelmäßig den Abfalleimer, spätestens, wenn er anfängt zu müffeln. Halten Sie Ordnung in Kühl- und Gefrierschrank, und entsorgen Sie verdorbene und abgelaufene Lebensmittel sofort. Wenn Sie dann noch die Spülmaschine einmal monatlich bei 65 °C laufen lassen, um die Erreger abzutöten, die mit dem schmutzigen Geschirr in das Gerät gelangen und sich in dem feucht-warmen Klima munter fortpflanzen, haben Sie an der Hygienefront eigentlich nichts mehr zu befürchten.

DAS BAD Auch ist droht die größte Keimgefahr durch Feuchtigkeit. Lüften Sie also regelmäßig und hängen Sie Handtücher so auf, dass sie möglichst schnell trocknen. Ein Handtuchwechsel empfiehlt sich alle zwei bis drei Tage.
Übrigens: Es ist ein Mythos, dass Klobrillen besonders „verkeimt" sind. Der Sitz ist (im Normalfall) trocken und glatt und damit für Erreger wenig attraktiv, hier sind also neben regelmäßigem Putzen keine besonderen Maßnahmen notwendig, und auch bei der Toilettenschüssel genügt die übliche Reinigungsroutine. Ein Spritzer Universalreiniger im Standfuß der Toilettenbürste sorgt dafür, dass die Bürste sauber bleibt und stets einsatzbereit ist.

Krisenherde beseitigen

Der Herd ist wohl das „Schmutzzentrum" der Küche. Während Ceranfelder sich relativ leicht putzen lassen, können Gasherde oder die immer seltener werdenden schwarzen Kochplatten einen schon vor größere Herausforderungen stellen. Mit einigen Tipps und Tricks wird aber auch das beinahe zum Kinderspiel. Und wie die Mikrowelle wieder sauber wird, verraten wir Ihnen auch, ebenso, was die verdreckte Dunstabzugshaube wieder zum Strahlen bringt.

CERANFELDER Ein Ceranfeld besteht aus Glas, darum kann man für die normale Reinigung getrost mit Glas- oder Essigreiniger arbeiten. Für Glanz sorgt eine anschließende Behandlung mit Spiritus. Angebranntes entfernt man vorsichtig mit dem dafür vorgesehenen Schaber. Alles, was überläuft, sollte man sofort entfernen – je länger der Schmutz „einbrennt", desto schwieriger wird die Reinigung. Vorbeugend kann man das Ceranfeld dünn mit Vaseline einreiben, dann lässt sich Angebranntes mit einem Wisch entfernen.

Profitipp !

Mühsames Putzen des Gasherdes kann man sich sparen, wenn man – vor allem bei größeren Küchenschlachten – die Unterfläche mit Alufolie auslegt. Später muss man dann nur noch die Folie entfernen und drüberwischen. Wird auch in der Gastronomie so gemacht.

KOCHPLATTEN UND GASHERDE Bei groben Verschmutzungen kann Backofenspray Abhilfe schaffen, alternativ helfen auch Reinigungspasten. Verblasste Kochfelder werden mit einer schwarzen Spezialpaste wieder wie neu. Hartnäckige Verkrustungen rund um die Kochfelder bzw. Gasflammen lassen sich gut mit oxalsäurehaltigen Reinigungsmitteln entfernen. Alternativ hilft auch das Einweichen mit einem in Spülmittel getränkten Tuch. Nach einigen Stunden sollten sich die Rückstände einfach abwischen lassen. Brennerringe werden wieder sauber, wenn man sie mit Natronpaste bestreicht und diese über Nacht einwirken lässt. Dann mit einer Bürste kräftig schrubben, abwaschen und polieren, eventuell auch mit Polierpaste.

HERDSCHALTER Hier sammelt sich gern allerlei Schmutz vom Fettfilm bis zum Soßenklecks. Darum empfiehlt es sich, die Schalter schon beim und nach dem Kochen regelmäßig abzuwischen. Im Übrigen lassen sich die Plastikteile meist auch abnehmen und spülen. Darauf achten, dass sie vor dem Aufstecken wieder ganz trocken sind.

MIKROWELLENGERÄTE Das A und O besteht darin, die Mikrowelle nach jeder Benutzung auszuwischen (eventuell mit einer Mischung aus zwei Esslöffeln Natron und 250 ml heißem Wasser) und herausnehmbare Drehteller zu spülen. Bei gröberen Verschmutzungen, Fettspritzern und üblen Gerüchen einen geeigneten Behälter mit einem halben Liter Wasser und einigen Zitronenscheiben (eine Essig-Wasser-Mischung im Verhältnis 1:1 tut's auch) in der Mikrowelle auf hoher Leistung fünf Minuten lang erhitzen, dann herausnehmen und Mikrowelle auswischen. Von außen mit sanftem Reinigungsmittel und feuchtem Lappen säubern.

DUNSTABZUGSHAUBE Leichte Fettablagerungen lassen sich mit Essigreiniger beseitigen. Ist die Lage ernster, kann man das Gerät mit einer halben Zitrone abreiben und mit klarem Wasser nachwischen. Ebenfalls wirkungsvoll im Kampf gegen die Schmierschicht ist Öl. Je nach Bedarf mehr oder weniger Öl auf einen Lappen geben und kräftig reiben, anschließend zunächst mit Essigreiniger und dann mit klarem Wasser nachwischen. Je nach System müssen die Filter gemäß den Herstellerangaben regelmäßig ausgetauscht werden. Metallfilter einmal im Monat im Geschirrspüler oder von Hand mit Seifenlauge reinigen.

So geht's: Backofen reinigen

Die Grundreinigung des Backofens samt Rosten und Blechen rangiert auf der Beliebtheitsskala der Putzaufgaben ganz unten. Aufschub erhält man, wenn man sich um kleinere Verschmutzungen sofort kümmert und das Gerät nach der Benutzung mit Essigwasser (im Verhältnis 1:1 gemischt) auswischt. Ist etwas übergekocht, Salz über den Fleck streuen, solange der Backofen noch warm ist. Nach dem Abkühlen können Sie die Stelle dann vorsichtig mit dem Schaber wegkratzen, danach nur noch mit Essigwasser nachwischen. Im Folgenden zeigen wir Ihnen, wie Sie am besten vorgehen, wenn Sie sich zu einem gründlichen Backofenputz entschieden haben.

1 INNENRAUM REINIGEN Hier gibt es verschiedene Möglichkeiten: Wer das Glück hat, einen selbstreinigenden Backofen zu haben, schaltet das entsprechende Programm ein und wischt die Rückstände nach dem Abkühlen mit einem feuchten Küchenpapier ab. Alle anderen können zu handelsüblichem Backofenspray greifen (das häufig allerdings sehr aggressiv ist) oder alternativ folgende Methoden wählen:

2 GRILL PUTZEN Zeit für eine erste kleine Verschnaufpause: Das macht der Grill nämlich selbst! Aufgrund der hohen Temperaturen verbrennen Verschmutzungen automatisch – ganz ähnlich wie bei den selbstreinigenden Backöfen mit Pyrolysefunktion.

Tipp

REINIGUNG MIT NATRON
Backofenboden mit Wasser besprühen, Natron darüberstreuen, nochmals mit Wasser benetzen und 30 min. einwirken lassen, bei starken Verschmutzungen auch über Nacht. Dann den Backofen mit einem feuchten Schwamm auswischen und Seitenwände mit Natronpaste und einem schonenden Nylontopfreiniger bearbeiten. Anschließend mit klarem Wasser nachwischen.

3 ROSTE REINIGEN Auch hier gibt es wieder mehrere Putzalternativen. Sie können zu Scheuermittel oder Stahlwolle greifen und Ihre Kräfte walten lassen. Oder Sie geben Reiniger auf die Roste, legen sie in eine Badewanne mit heißem Wasser und lassen sie über Nacht einweichen. Achtung: Wanne mit alten Handtüchern auslegen, sonst gibt's Kratzer. Wer klug ist, wickelt den noch heißen Rost nach Gebrauch in nasses Zeitungspapier oder ein feuchtes Tuch ein, dann leistet der heiße Wasserdampf den Löwenanteil der Arbeit. Sie müssen den Rost dann nur noch spülen – ganz ohne Schrubben.

4 BACKBLECHE SÄUBERN Schmutzige Backbleche können wie die Roste ein heißes Bad vertragen. Bei starken Verkrustungen hilft die Salzmethode: Salz dick auf das Backblech streuen, das Ganze bei 175 °C so lange im Ofen lassen, bis das Salz braun ist, anschließend abwischen und Backblech abspülen.

5 OFENTÜR PUTZEN Von außen mit einer milden Seifenlauge abwaschen und mit klarem Wasser nachwischen oder Glasreiniger verwenden. Sollten sich bei der Innenraumreinigung des Backofens noch nicht alle Verschmutzungen an der Innenseite gelöst haben, kann Reiniger für Ceranfelder hier gute Dienste leisten: Mit einem weichen Lappen auftragen, eine Weile einwirken lassen, mit einem Küchentuch abnehmen und mit klarem Wasser nachwischen.

SOFORT REINIGEN Die wichtigste Putzregel lautet auch beim Backofen: Machen Sie den Dreck weg, nachdem er entstanden ist, also direkt nach dem Kochen und Backen – dann geht es deutlich leichter. Wurden die Pizzakrümel dreimal neu an den Backofenboden gebrannt, wird's auch mit unseren Tipps nicht einfach.

Rund um Kühlschrank & Gefrierfach

Kein Schrank wird wohl so häufig geöffnet, inspiziert, be- und entladen wie der Kühlschrank. Darum benötigt er natürlich auch besondere Aufmerksamkeit beim Putzen. Und damit der Gefrierschrank die gewünschten Dienste optimal leistet, muss er ebenfalls dann und wann geprüft, abgetaut und gereinigt werden. Der sinnvollste Zeitpunkt für diese Aktionen ist, wenn die Geräte möglichst leer sind – also vor dem nächsten Großeinkauf.

WAS SIE BRAUCHEN:

- Spülmittel
- Weiche Schwämme und Tücher
- Natron
- Waschschüssel

WAS SIE VORHER ERLEDIGEN MÜSSEN:

- Gerät abschalten, Stecker ziehen
- Inhalt ausräumen (Gefriergut beim Nachbarn deponieren, Empfindliches in der Kühlbox)
- Abgelaufene oder verdorbene Lebensmittel entsorgen
- Gefrierfach bzw. -schrank abtauen (siehe Kasten)

Ökotipp !

- Umweltschonend und gründlich kann man Kunststoffflächen mit abgekühltem Kartoffelkochwasser reinigen.

- Helle Kunststoffflächen werden auch durch eine Abreibung mit etwas Margarine sauber, die man nach einer Einwirkzeit mit Spülmittel abwäscht – Fett bindet nämlich Schmutz, und das Spülmittel wirkt anschließend als Fettkiller.

1 Beim Ausräumen des Kühlschranks schon einmal Ketchupflaschen, Senfgläser und Co. mit einem feuchten Tuch abwischen. Dann mit der Möbelbürste des Staubsaugers das Metallgitter auf der Geräterückseite absaugen und Ablauf mit einem Wattestäbchen reinigen.

2 Alle herausnehmbaren Teile entfernen, spülen und gründlich trocknen reiben.

3 Für die Reinigung des Innenraums und der festen Teile ein Liter warmes Wasser mit zwei Esslöffeln Natron mischen und Kühlschrank gründlich auswaschen (Sie können die Lösung auch in eine Sprühflasche füllen). Arbeiten Sie sich dabei von oben nach unten vor. Auf hartnäckige Verkrustungen ein mit der Natronlösung getränktes Handtuch legen und 20 Minuten bei geschlossener Kühlschranktür einwirken lassen. Anschließend Innenraum mit Küchenpapier trocken wischen.

4 Zum Schluss die Außenflächen mit Wasser und ein wenig Spülmittel reinigen, auch Glasreiniger tut gute Dienste. Verwenden Sie nur weiche Schwämme und Tücher, sonst gibt's Kratzer auf der Oberfläche.

GEFRIERSCHRANK ABTAUEN

- Schneller geht's, wenn Sie eine Schüssel heißes Wasser in das Gefrierfach oder den Gefrierschrank stellen – selbstverständlich nur bei ausgeschaltetem Gerät.
- Ein altes Handtuch auf dem Geräteboden fängt Tau- und Putzwasser auf.
- Platzieren Sie ein Backblech vor dem Gerät, damit Sie anschließend nicht auch noch den Küchenboden wischen müssen.
- Wenn Sie die Innenwände der Gefriereinheiten mit Glyzerin einreiben, bilden sich nicht so schnell neue Eisschichten.

Das Badezimmer

Porentiefe Reinheit

Ein sauberes Bad ist eine echte Augenweide, doch bis dahin kann es ein langer Weg sein. Aber keine Angst, es gibt auch Abkürzungen. Wie Sie das Projekt „Badezimmer auf Hochglanz bringen" am besten angehen, verraten wir Ihnen auf den nächsten Seiten.

WASCHBECKEN Sie können natürlich zum Badreiniger greifen, doch das Waschbecken sollte mit Essigreiniger ebenfalls problemlos sauber zu bekommen sein. Wenn nicht, etwas Natron (oder Backpulver) im feuchten Waschbecken verteilen, einwirken lassen und mit einem feuchten Tuch abreiben. Hartnäckigen Verschmutzungen an Abfluss, Überlauf und Armatur können Sie mit einer alten Zahnbürste und Natronpaste (Natron + einige Tropfen Wasser) oder etwas Scheuermilch zu Leibe rücken. Im Waschbecken endgültig spiegeln werden Sie sich, wenn Sie zum Abschluss noch mit einem Mikrofasertuch nachpolieren. Reinigen Sie außerdem regelmäßig den Abfluss mit einer Flaschenbürste.

ARMATUREN Gegen die Kalkflecken auf den Hähnen können Sie gleich mit mehreren Methoden vorgehen. Was gut hilft, ist purer Essig oder etwas Essigessenz, alternativ können Sie die Armaturen auch mit einer halben Zitrone abreiben oder mit Natron bearbeiten. Danach

gründlich abspülen, trocknen und polieren. Ebenfalls zum Glänzen bringen Sie Wasser-hähne und Co. mit Petroleum – keine Sorge, der Geruch verfliegt sehr schnell.

Wie neu werden unansehnlich gewordene Chromarmaturen, wenn man sie mit Chrom-reiniger aus dem Autohandel wieder auffrischt. Grundsätzlich gilt: Je gründlicher Sie zum Schluss polieren, desto länger bleiben die Kalkflecken fern.

PERLATOR Wenn das Wasser nur noch spärlich fließt, ist vermutlich der Perlator verstopft. In diesem Fall schrauben Sie ihn ab, nehmen ihn auseinander und schrubben das Sieb mit Spüli und einer alten Zahnbürste. Bei massivem Kalkbefall sollten Sie den Perlator über Nacht in Essigessenz einlegen und, sofern nötig, die Löcher im Sieb mit einem Zahnstocher durchstechen. Oder Sie gönnen sich einen neuen Perlator.

DUSCHKOPF ENTKALKEN Schrauben Sie den Duschkopf ab, um Kalkreste auszuspülen. Eventuelle Ablagerungen mit Essigessenz oder einer halben Zitrone abreiben, abspülen, trocken reiben, fertig. Ist der Duschkopf stark verstopft, hilft ein längeres Bad in warmer Essigessenz, das man unter Umständen mehrmals wiederholen muss.

DUSCHKABINE Hier können Sie wahlweise zu Essig- oder Neutralreiniger greifen und wie gewohnt putzen. Oder Sie mischen Wasser und Essig in einer Sprühflasche zu gleichen Tei-len, sprühen alles – also Metallteile, Tür, Fliesen und Duschtasse – mit der Lösung ein, las-sen alles bei Bedarf eine Weile einwirken, wischen dann mit einem nassen Schwamm nach und reiben das Ganze dann trocken. Seifenränder verschwin-den – wie im Waschbecken – auch mit Natron oder Backpulver. Wer will, dass das Wasser in Zukunft besser abperlt und Kalk kaum eine Chance hat, reibt die Duschkabine mit Autopolitur ein.

Profitipp!

Wenn Sie zum Putzen von Badewanne und Duschkabine einen Schwamm auf eine Teles-kopstange klemmen oder zum Schwamm-Mopp greifen, sind Sie ruckzuck fertig.

BADEWANNE Die Wanne wird mit Essigreiniger oder Scheuerpulver sauber. Gelegentlich bilden sich dort unansehnliche gelbe Flecken, die man mit Zitronensaft oder Essigessenz behandeln kann. Danach wie gewohnt putzen. Und kräftig polieren. (Hier funktioniert die Sache mit der Autopolitur übrigens auch.)

TOILETTE Sprühen Sie Spülkasten, Becken (von außen) sowie auf Außen- und Innenseite von Klodeckel und -brille mit Essig- oder einem desinfizierenden Badreiniger ein und wischen mit Küchenpapier nach. Danach senken Sie den Wasserspiegel in der Toilettenschüssel, indem Sie einige Male mit der Toilettenbürste in den Abfluss stoßen. Nun WC-Reiniger in das Becken und unter den Beckenrand geben und eine Weile einwirken lassen, dann Schüssel von innen kräftig mit der Klobürste schrubben, vor allem unterm Rand. Abspülen und Bürste gut mit klarem Wasser ausspülen.
Ist die Toilettenschüssel stark verschmutzt, können Sie auch zu unkonventionellen Maßnahmen greifen: Gießen Sie nach dem Absenken des Wasserspiegels Cola und etwas Essigessenz in die

Schüssel und lassen das Ganze über Nacht einwirken. Vor dem Abspülen am nächsten Morgen wird die Kloschüssel dann noch einmal kurz geschrubbt. Alternativ kann man auch mit Waschpulver arbeiten: Pulver in der Schüssel verteilen, eine Stunde einwirken lassen und dann kräftig mit der Bürste bearbeiten.

FLIESEN Reinigen Sie Fliesen nicht mit Scheuermittel, das kann unschöne Kratzer geben. Normalfallerweise reicht ein Essigreiniger. Alternativ können Sie auch erwärmten Essig in eine Sprühflasche füllen und ihn auf die Fliesen sprühen und kurz einwirken lassen. Wer keine Lust zum Nachwischen hat, tut etwas Shampoo ins Putzwasser – und muss nachher noch nicht mal trocken wischen. Sind die Fließen stumpf geworden, helfen eine Spirituslösung und ein Fensterleder, sie in neuem Glanz erstrahlen zu lassen. Eine abschließende Behandlung mit Autopolitur versiegelt das Ganze und verheißt dauerhaften Glanz.

FLIESENFUGEN Fugen reinigt man am besten mit einer Zahnbürste und Essigessenz oder Natron (mit etwas Wasser zu einem Brei anrühren). Alternativ hat sich auch Schlämmkreide bewährt. Aber Vorsicht: Manchmal ist die Fugenmasse säureempfindlich, sodass Zitronen- oder Essigsäure dazu führen können, dass die Fugen porös werden. Bitte vorher an an einer kleinen Stelle testen!

SPIEGEL Wischen Sie den Spiegel mit Essigreiniger feucht ab oder sprühen Sie Glasreiniger drauf. Danach mit einem trockenen Tuch nachreiben. Spiegel beschlagen übrigens nicht mehr, wenn man sie mit einem trockenen Stück Seife abreibt und danach mit einem Tuch nachpoliert. Gegen blinde Stellen den Spiegel mit Leinöl einreiben, dann mit Seidenpapier darüberreiben und zum Schluss mit klarem Wasser nachspülen.

Was tun bei Schimmel im Bad?

■ Regelmäßiges Lüften (besonders nach dem Duschen oder Baden) nicht vergessen.

■ Der Duschvorhang schimmelt weniger schnell, wenn man ihn nach dem Waschen eine Weile in Salzwasser legt und erst dann wieder aufhängt.

■ Ist der Schimmel einmal da, sollten Sie die befallenen Stellen zunächst mit einer milden Reinigerlösung abschrubben und dann mit einem Anti-Schimmel-Mittel behandeln. Viele der handelsüblichen Sprays sind allerdings kaum weniger schädlich als der Schimmel selbst – prüfen Sie die Inhaltsstoffe vor dem Kauf genau. Hervorragende Dienste gegen Schimmel im Bad leistet allerdings auch 70- bis 80-prozentiger Isopropylalkohol (Apotheke) oder alkoholhaltige Desinfektionsmittel. Alkohol auftragen oder aufsprühen, einwirken lassen und mit klarem Wasser abspülen. Während und nach der Behandlung gut lüften.

■ Wirkungsvolle biologische Waffen bei der Schimmelbekämpfung sind außerdem Teebaumöl und Grapefruitsamenextrakt (gibt's im Bioladen).

■ Achtung: Häufig wird Essig als Hausmittel gegen Schimmel empfohlen, da Schimmelpilze alkalische Untergründe bevorzugen. Auf keramischen und allen versiegelten Oberflächen kann das auch durchaus erfolgversprechend sein, auf kalkhaltigen Oberflächen (z. B. Putz) führt eine Essigbehandlung jedoch schnell zum Gegenteil: Kalk neutralisiert den niedrigen pH-Wert des Essigs, zurück bleiben organische Rückstände aus dem Essig, die dem Schimmel gar als Nährboden dienen können.

Blitzputz in 9 Schritten

Damit das Alltagschaos im Badezimmer nicht überhandnimmt, lohnt es sich, häufiger mal ein Viertelstündchen in eine Schnellreinigung zu investieren.

1 Zum Lüften während des Putzens Fenster öffnen oder Lüftung in Gang setzen.

2 Spiegel mit Glasreiniger einsprühen und sauber reiben.

3 Waschbecken und Armaturen mit Essig- oder Badreiniger einsprühen, abwischen und mit weichem Tuch trocken reiben.

4 Duschvorhang zuziehen, ausschütteln, kurz trocken wischen oder Wände der Duschkabine mit einem Abzieher trocknen.

5 Dusche und/oder Badewanne nebst Armaturen ebenso reinigen wie das Waschbecken.

6 Klobrille und Toilettenrand mit Einmal-Desinfektionstuch abwischen, einige Spritzer WC-Reiniger in das Becken (vor allen unter den Rand) geben.

7 Ablage wischen.

8 Handtücher aufhängen oder wechseln.

9 Bad kurz durchfegen oder Haare und Staub mit dem Handstaubsauger aufsaugen und Mülleimer leeren.

Putzmittel selbst herstellen

In Drogerie- und Supermärkten füllen Reinigungsmittel für den Haushalt ganze Regalreihen, doch vieles davon kann man auch ohne großen Aufwand selbstherstellen. Im Folgenden finden Sie eine kleine Auswahl von Rezepturen für die unterschiedlichsten Zwecke.

Die Zutaten für die Reinigungsmittel erhalten Sie in gut sortierten Supermärkten, Drogerie-märkten und im Baumarkt. Sie können auch in der Apotheke Ihres Vertrauens danach fragen, allerdings wird's dort ein bisschen teurer. Ätherische Öle gibt's in großer Auswahl in Biofachmärkten. Und im Internet finden Sie ebenfalls alle Zutaten.

WICHTIG: Beschriften Sie die Flaschen und Dosen, in die Sie Ihre Wundermittel abfüllen, immer deutlich, und bewahren Sie sie nicht in für Lebensmittel vorgesehenen Behältern (z.B. PET-Flaschen für Getränke) auf, ganz besonders dann nicht, wenn sie in die Hände von Kindern fallen könnten.

GLASREINIGER

4 Esslöffel Essigessenz

ca. 500 ml warmes Wasser

Zutaten in einer Halbliter-Sprühflasche mischen und losputzen.

SCHEUERPULVER

250 g (Wasch-)Soda

60 g Salz

10 Tropfen Zitrusöl

5 Tropfen Teebaumöl

Zutaten mischen und in einer luftdichten Dose aufbewahren.

SCHEUERMILCH

2 Esslöffel Natron

etwas Zitronensaft

2 Esslöffel Salz

flüssige Schmierseife

Die Zutaten in
eine Flasche geben
und den Rest mit
Wasser auffüllen.

ALLZWECKREINIGER

800 ml Wasser

1 Esslöffel (Wasch-)Soda

1 Teelöffel Zitronensäure

2 Esslöffel feste oder 4 Esslöffel
    flüssige Schmierseife

Wasser aufkochen. Soda darin auflösen
und fünf Minuten warten. Zitronensäure
zugeben und umrühren.
Anschließend die
Schmierseife einrühren.
Das Ganze in eine große
Sprühflasche füllen
und mit Wasser auf-
füllen. Flasche
beschriften und
vor Verwendung
schütteln.

SPÜLMITTEL

500 ml heißes Wasser

80 ml flüssige Seife

1 Teelöffel (Wasch-)Soda

Zutaten in eine leere Spülmittelflasche
füllen, schütteln und fertig.

FLÜSSIGWASCHMITTEL

1 leere Flasche
    (ca. 1,5 Liter)

15 g echte Kernseife,
    fein gerieben

2 Esslöffel Waschsoda

Wasser

auf Wunsch ätherisches Öl (z.B. Lavendel)

340 ml kochendes Wasser über die
geriebene Seife gießen und Waschsoda
zugeben, alles gut mit einem Schneebesen
verrühren und anschließend ruhen lassen.
Dann weitere 340 ml kochendes Wasser
unterrühren. Wer will, kann die Mischung
an dieser Stelle auch noch mit 5–10 Tropfen eines ätherischen Öls parfümieren.
Nach einem Tag noch einmal 340 ml
kochendes Wasser unterrühren und die
Mixtur in eine verschließbare Flasche
füllen. Flasche vor dem Waschen gut
schütteln. Pro Waschgang benötigt man
etwa 200 ml Waschmittel.

Die Wohnräume

Diele, Wohn- und Esszimmer

Im Wohnbereich hat man es weniger mit Wasser- und Fettflecken als in Küche und Bad zu tun. Hier diktieren der hohe Publikumsverkehr – und damit ständig drohende Unordnung – und Schmutz von draußen Putzrhythmus und -routine.

DIELE Der Eingangsbereich ist die „Schleuse zur Außenwelt", hier herrscht so viel Kommen und Gehen wie nirgends sonst in der Wohnung. Gegen Schmutz von draußen helfen eine hochwertige Schmutzfangmatte oder ein Teppich im Eingang, ein Schuhregal und die Aufforderung an alle Familienmitglieder, die Straßenschuhe gründlich abzutreten und idealerweise gegen Hausschuhe auszutauschen. Die Matte regelmäßig gründlich ausschütteln, saugen und einmal im Monat auch von unten säubern.

Neben der routinemäßigen Wochenreinigung der Diele – Abstauben, Saugen, Wischen – sollten Sie sich alle vier Wochen die Wohnungs- bzw. Haustür, Fußleisten und Schalter vornehmen. Weiterhin beugen Garderobe, Schirmständer und Schlüsselbrett allzu großer Unordnung vor. (Im Kapitel 1 finden Sie dazu viele Tipps!)

Profitipp !

Wenn Sie mit einem feuchten Tuch Staub wischen, träufeln Sie darauf doch einmal etwas Weichspüler: Durch die antistatische Wirkung bleiben die Flächen länger staubfrei.

WOHN- UND ESSZIMMER Vor dem Putzen heißt es in den meisten Wohnzimmern erst einmal: aufräumen. Wer keine Lust hat, seinen Lieben (Mitbewohnern) alles hinterherzutragen, macht erst einen Rundgang mit einem großen Korb und sammelt alles auf, was nicht ins

Wohn- bzw. Esszimmer gehört, und deponiert das Ganze an einem zentralen Ort, etwa an der Treppe, und jeder räumt das weg, was er „verkramt" hat. Geputzt wird dann von oben nach unten. Widmen Sie sich zuerst dem Entfernen von Spinnweben an Decke, Wänden, Lampenschirmen sowie Tür- und Fensterrahmen und schütteln Sie die Vorhänge aus, dann werden Tische, Regale, Lampenschirme usw. abgestaubt, Fernseher, Computer und Musikanlage am besten mit einem antistatischen Tuch, da Elektrogeräte besonders eifrige Staubfänger sind. Anschließend widmen Sie sich der Möbelpflege. Wie das am besten klappt, erfahren Sie auf den folgenden Seiten. Zum Schluss kommt der Boden dran: Teppichböden werden gesaugt, harte Böden erst gefegt, gesaugt oder trocken gemoppt und dann – je nach Beschaffenheit – gewischt. Praktische Tipps zur Bodenpflege folgen ebenfalls auf den nächsten Seiten.

Wenn Sie es sich zur Gewohnheit machen, jeden Abend vor dem Schlafengehen Decken zurechtzuziehen, Kissen aufzuschütteln und Gläser und Ähnliches in die Küche zurückzutragen (und dort in die Spülmaschine einzuräumen), ist so ein Wohnzimmerputz relativ schnell erledigt. Wird im Esszimmer regelmäßig gegessen, fällt natürlich etwas mehr Arbeit an: Besonders Tisch und Stühle müssen häufiger abgewischt und der Boden häufiger gereinigt werden.

Auf den Teppich gekleckert?

- In diesem Fall müssen Sie rasch handeln:

- Flüssigkeiten mit einem sauberen Küchenpapier oder Putzlappen auftupfen, auf keinen Fall schrubben oder bürsten. Anschließend behandeln Sie den Fleck mit einem speziellen Fleckenentferner (Produkt erst an einer unauffälligen Stelle ausprobieren).

- Festeres so gut wie möglich mit einem Löffel abnehmen (ein Messer könnte die Fasern beschädigen), Fleck trocknen lassen, vorsichtig ausbürsten und Restfleck mit Fleckenentferner behandeln (s.o.)

- Arbeiten Sie immer von außen zur Mitte, sonst breitet der Fleck sich aus.

Das Schlafzimmer

Ein sauberes und aufgeräumtes Schlafzimmer trägt wesentlich zur häuslichen Harmonie bei – behaupten Experten. Ein Grund mehr, dort ein bisschen Zeit zu investieren und dem Bett eine besondere Pflege angedeihen zu lassen.

ALLGEMEINE SCHLAFZIMMERPFLEGE

- Gewöhnen Sie sich an, jeden Morgen Ihr Bett zu machen – nicht ohne es vorher zu lüften, denn jeder Mensch schwitzt im Schlaf.

- Wenn es ans Putzen geht, beginnen Sie auch hier mit einer kleiner Aufräumaktion und entfernen alles, was im Schlafzimmer nichts zu suchen hat. (Da Sie jetzt ohnehin einen abendlichen Aufräumgang durchs Wohnzimmer machen, fällt es Ihnen ja leicht, das Gleiche morgens im Schlafzimmer zu tun.)

- Saubere Kleidung gehört in den Schrank, schmutzige in die Wäsche.

- Beim Putzen gehen Sie hier grundsätzlich ebenso vor wie im Wohnzimmer, also von oben nach unten: Zuerst Spinnenweben an Decken, Wänden, Lampen usw. entfernen, Vorhänge ausschütteln oder bei Bedarf saugen, staubwischen – und zum Schluss den Boden saugen und/oder wischen.

Tipp !

Das Schlafzimmer ist nach dem eigenen Empfinden oft weniger putzbedürftig als Wohnzimmer oder gar Küche und Bad, was auch grundsätzlich richtig ist. Dennoch sollten Sie gerade im Schlafzimmer regelmäßig den Staubwedel schwingen: Durch das häufige Bettenmachen und Kleiderfalten verteilt man vorhandenen Staub fröhlich durch den gesamten Raum. Daher lieber öfter staubwischen und saugen – da im Schlafzimmer meist weniger Möbel stehen, geht das dann in der Regel auch recht schnell.

In regelmäßigen Abständen sollten Sie außerdem den Kleiderschrank komplett ausräumen, auswischen und wieder einräumen (siehe dazu auch die entsprechenden Seiten im Kapitel „Aufräumen").

BETT UND MATRATZE Der Mensch verbringt sehr viel Zeit seines Lebens im Bett – und mit ihm jede Menge Staub und Milben. Darum sollte man seine Ruhestatt richtig pflegen. Wechseln Sie alle ein bis zwei Wochen die Bettwäsche und waschen Sie sie möglichst bei 60 °C, das überlebt keine Hausstaubmilbe. Auch Bettdecken und Kissen sollte man regelmäßig waschen (etwa alle sechs Wochen und möglichst auch bei 60 °C, wenn eine Allergieneigung besteht). Matratzen sollte man alle drei Monate wenden (es sei denn, der Hersteller mpfiehlt etwas anderes), möglichst dabei auch Kopf- und Fußende wechseln – wenn Ihre Matratze nicht in Liegezonen eingeteilt ist.

Bei dieser Gelegenheit können Sie die Matratze mit der Polsterdüse auch gleich gründlich absaugen, um Staub, Hautschüppchen und Milben den Garaus zu machen, und eventuelle Flecken mit Spray für Polstermöbel oder selbstgemachtem Trockenschaum zu entfernen.

ACHTUNG Wenn's beim Matratzenputzen feucht zugeht, Matratze unbedingt auf die Seite stellen, damit keine Feuchtigkeit in den Matratzenkern gelangt. Einen guten Schutz gegen Flüssigkeiten und Verschüttetes bieten waschbare Matratzenschoner, die in der Allergikerausführung außerdem verhindern sollen, dass in der Matratze befindliche Milben zum Menschen vordringen.

Selbstgemachter Trockenschaum

Zur Behandlung von Flecken in der Matratze: Eine halbe Tasse Geschirrspülmittel in einen Mixer geben, das Gerät anschalten und einige Teelöffel Wasser hinzugeben.

Reiben Sie dann die oberste Schicht dieses Schaums mit einem Schwamm oder einer Bürste in den Fleck ein. Dabei darf nur der Überzug feucht werden, die Polsterung muss trocken bleiben. Stelle gut trocknen lassen, bevor Sie die Matratze wieder beziehen.

Kinderzimmer

Prinzipiell geht man hier genauso vor wie beim Putzen von Wohn- oder Schlafzimmer. Allerdings sind vorher meist einige Handgriffe mehr nötig, um Ordnung zu schaffen, da hier ja auch gespielt und gelernt wird. Es handelt sich schließlich meist um ein kombiniertes Wohn-, Schlaf- und Arbeitszimmer, also einen wahren Multifunktionsraum.

HELFER ANLERNEN Kinder können durchaus mithelfen, das herumliegende Spielzeug und (Schul-)Bücher wieder in die passenden Kisten und Regale zu räumen. Falls genügend Platz ist, stellen Sie Ihrem Kind einen eigenen Wäschekorb ins Kinderzimmer, in den die schmutzige Kleidung gleich nach dem Ausziehen kommt. Ebensowenig kann es schaden, die Kleinen in einem angemessenen Alter im Gebrauch von Staubtuch, Besen und Staubsauger zu unterweisen. Putzmittel aber gehören nicht in Kinderhände, damit sie nicht aus Versehen in Kinderaugen oder -bäuche geraten.

SPIELZEUG REINIGEN

- Größeres Spielzeug regelmäßig mit Seifenlauge abwaschen, besonders, wenn mehrere Kinder damit spielen. So machen Infektionen nicht so schnell die Runde.

- Plastikspielzeug wie Lego- oder Duplosteine werden wieder blitzsauber, wenn man sie in einem alten Kopfkissenbezug (aus dem die Steine nicht rausfallen) mit ein paar Handtüchern (sonst wird's laut) bei

Tipp !

Die grundsätzliche Empfehlung, lieber mit einfachen Reinigungsmitteln zu arbeiten als mit oft aggressiven Spezialmitteln, gilt im Besonderen fürs Kinderzimmer. Zum einen können einige Putzmittel schädliche Dämpfe entwickeln, zum anderen neigen gerade kleine Kinder dazu, Möbelstücke auch schon einmal abzulecken. Daher möglichst mit wenig Chemie reinigen, heißes Wasser reicht oft völlig aus. Lüften Sie außerdem gründlich, wenn Sie das Kinderzimmer putzen oder geputzt haben.

40 °C in die Waschmaschine steckt oder der Spülmaschine anvertraut: Dazu das Spielzeug in einen Wäschebeutel stecken, im oberen Korb gleichmäßig verteilen und Gerät starten.

- Auch Plastikspielsachen der Kleinsten (z. B. Beißringe) sind in der Regel spülmaschinenfest und kommen in den oberen Korb der Spülmaschine. Kleinteile in ein Wäschenetz o. Ä. geben, damit sie nicht in unerreichbare Ecken fallen und zu Schäden an der Maschine führen. Oft reicht auch eine Handwäsche mit heißem Wasser und einem Spritzer Spülmittel.

- Stofftiere regelmäßig waschen, am besten in einem Kissenbezug in der Maschine. Dabei ein Schonprogramm wählen und vorsichtshalber den Schleudergang reduzieren. Nicht waschbare Stofftiere stecken Sie regelmäßig in einem gut verschlossenen Gefrierbeutel über Nacht ins Gefrierfach.

Urinflecken aus Matratzen entfernen

Matratze vor dem Reinigen auf die Seite stellen und den Fleck mit reichlich Zitronensaft oder weißem Essig beträufeln. Wenn das Ganze trocken ist, den Urinfleck mit einem Messerrücken abschaben oder ausbürsten.

Alternativ kann man ein Tuch mit dem Schaum einer Waschmittellösung benetzen, die verschmutzte Stelle damit abreiben und etwas einwirken lassen. Die behandelte Stelle anschließend mit klarem, kaltem Wasser abwischen.

BÖDEN GRÜNDLICH REINIGEN In Zimmern von Babys und Kleinkindern sollte der Boden, auf dem die Kinder liegen, krabbeln oder spielen, immer sauber sein. Wischen Sie glatte Böden häufig, saugen Sie Teppiche so gründlich wie möglich. Spielteppiche sollten in der Maschine waschbar sein und regelmäßig gewaschen werden.

BETTEN INSPIZIEREN Da im Kinderzimmer auch die Betten zum bespielbaren Raum gehören, bedürfen sie häufiger der kritischen Inspektion durch das Auge eines Erwachsenen. Kinderbettwäsche sollte einmal pro Woche gewaschen werden. Die Betten am besten mit einer Tagesdecke schützen, die ebenfalls regelmäßig in die Maschine wandern sollte. Stäbe von Gitterbetten und Bettrahmen wöchentlich abwischen.

Die Einrichtung

Möbel richtig pflegen

Je besser man seine Inneneinrichtung in Schuss hält, desto länger hat man Freude daran. Verstaubte Möbel wirken außerdem ungepflegt und wenig einladend.

HOLZMÖBEL Häufiges Staubwischen ist hier das A und O, denn wenn der Staub sich auf den Möbeln festsetzt, kann sich ein unschöner Belag bilden. Verwenden Sie dazu ein angefeuchtetes Baumwoll- oder Mikrofasertuch und wischen Sie stets in Richtung der Maserung. Für die gelegentlich notwendige intensivere Reinigung gibt man etwas Möbelpolitur auf den Lappen und arbeitet diese in Richtung der Fasern ein. Nehmen Sie Politurrückstände mit einem sauberen Tuch ab. Untersetzer und Tischsets verhindern, dass heiße oder kalte Speisen weiße Ränder auf dem Esstisch hinterlassen. Hat man mal nicht aufgepasst, verschwinden die unschönen Ringe, wenn man wahlweise etwas Brennspiritus auf ein Baumwolltuch gibt und damit über den Fleck reibt oder ein Wattestäbchen mit Spucke befeuchtet und den Fleck damit wegwischt.

Ungefähr alle sechs Monate sollte man seine Holzmöbel mit Wachs oder einer speziellen Politur behandeln, um deren Oberfläche zu schützen. Erkundigen Sie sich im Fachgeschäft nach dem richtigen Verfahren.

KORBMÖBEL Gerade in Korbmöbeln setzt sich Staub gut – und besonders sichtbar – fest und lässt sie schnell stumpf und tatsächlich auch dreckig aussehen. Saugen Sie sie daher regelmäßig mit der Möbelbürste gründlich ab. Eine Grundreinigung lässt sich leicht mit warmen Salzwasser oder Seifenlage vornehmen: Eine weiche Bürste in den Seifenschaum oder das Salzwasser tauchen, damit das Möbelstück vorsichtig abbürsten (bei hartnäckigem Schmutz einwirken lassen), mit einem Tuch oder Schwamm und klarem Wasser abwischen und anschließend mit einem trockenen Tuch abreiben. Bambusmöbel glänzen wieder, wenn man sie mit Petroleum und einem weichen Tuch abwischt. Keine Angst – der Geruch verfliegt in Windeseile.

POLSTERMÖBEL Saugen Sie Ihre Polstermöbel regelmäßig gründlich ab – auch in den Ritzen. Entfernen Sie dabei alle losen Kissen und Polster, um Staub und Schmutz auch an verborgenen Stellen den Garaus zu machen – auf die Dauer wirken sie auf den Möbeln nämlich wie das reinste Schmirgelpapier und sorgen für eine entsprechende Abnutzung.

Einmal im Jahr sollten Sie abnehmbare Textilbezüge gemäß der eingenähten Pflegeanleitung waschen. Damit sie nicht einlaufen, sollten sie an der Luft trocknen. Wenn man sie noch leicht feucht aufzieht, werden sie auch wieder ganz glatt. Polstermöbel mit beschichteten Lederbezügen kann man nach dem Saugen mit einem nebelfeuchten Mikrofasertuch abwischen und ein- bis zweimal im Jahr mit einem Spezialprodukt grundreinigen. Unbeschichtetes Leder darf nur trocken gereinigt werden. Hier kann man Flecken mit einem weichen Radiergummi entfernen.

ELEKTRO- UND FERNSEHGERÄTE Wischen Sie die Geräte möglichst nur trocken mit einem antistatischen Tuch ab. Bei hartnäckigeren Flecken können Sie mit einem nebelfeuchten Lappen arbeiten und mit einem zweiten sauberen Tuch nachwischen. Sprühen Sie auf keinen Fall Reiniger direkt auf die Geräte, sondern geben Sie höchstens einen Spritzer Spülmittel ins Putzwasser.

Lampen, Dekoration & Co.

Staub und Dreck machen leider auch vor Kristalllüstern und kleinteiligen Deko-Stücken nicht halt, darum wollen diese ebenfalls regelmäßig geputzt werden. Gehören Sie nicht zu den Menschen, die Putzen als tägliche Meditation oder gar als geliebtes Hobby empfinden, sollten Sie vor dem Kauf von Leuchten, Vasen und Ziergegenständen innehalten und den Putzaufwand bedenken.

LAMPEN UND LEUCHTEN Lampenschirme mit der Möbelbürste absaugen und mit einem Möbelpinsel abstauben oder mit einem feuchten Tuch abwischen. Schirme von Deckenlampen abnehmen, Schmutz und tote Insekten entfernen, trocknen lassen und wieder anbringen. Was beim Putzen häufig vergessen wird, sind die Glühbirnen. Dabei verliert eine schmutzige Glühbirne 20 Prozent ihrer Strahlkraft. Wer hier regelmäßig wischt (nötigenfalls auch feucht), sieht also mehr vom Leben. Doch Vorsicht: Lassen Sie die Glühbirne gut abkühlen, sonst verbrennen Sie sich die Finger oder die Birne platzt aufgrund bei der Berührung mit dem feucht-kalten Lappen. Und fassen Sie die Glühbirne nie mit feuchten Fingern an: Sie riskieren damit einen elektrischen Schlag.

BÜCHER Auch Bücher müssen dann und wann gesäubert werden. Einbände wischt man mit einem trockenen (!) weichen Tuch ab, Buchblöcke entstaubt man mithilfe einer kleinen Staubsaugerdüse. Wenn man die Bücher bündig zum Regalbrett einräumt, spart man sich übrigens das Wischen davor.

BILDER Bilderrahmen rückt man mit dem Pinsel zu Leibe, nötigenfalls auch mit einem leicht feuchten Tuch. Wird die Kunst nicht durch ein Glas geschützt, Staub vorsichtig mit einem fusselfreien weichen Tuch abnehmen. Sind die guten Stücke hinter Glas, sprühen Sie ein wenig Reiniger auf ein Tuch und reinigen damit das Glas. Sprühen Sie den Reiniger nie direkt auf das Bild und arbeiten Sie von außen nach innen, damit kein Wasser in den Rahmen gelangt.

Tipp !

Relativ einfach und risikolos befreit man ein Ölgemälde von hartnäckigem Staub, wenn man mit dem weichen Inneren eines Weißbrotes vorsichtig über das Bild reibt. Das Brot nimmt den Schmutz auf, und da es trocken ist, verbleiben keine Rückstände auf der Oberfläche.

NIPPES UND ZIERRAT Bei allen Dekostücken, die sich nicht oder nur umständlich mit einem feuchten Tuch reinigen lassen, leisten antistatische Staubwedel gute Dienste. Die gibt es inzwischen auch in der austauschbaren Wegwerfvariante. Kleine Härchen oder Putzflöckchen erreichen auch noch so zierliche Arme von kleinen Engelchen oder Spieldosenfiguren …

Decken, Wände & Böden

Rundum sauber machen

Wer sich regelmäßig die Mühe macht, Decken und Wände zu reinigen, und auch die Türen nicht vergisst, muss weniger häufig zu Pinsel und Kleister greifen. Raucher sind hier allerdings im Nachteil, denn Nikotinflecken sind nur schwer zu entfernen: Hier hilft häufig nur ein Neuanstrich.

DECKEN REINIGEN Zur Trockenreinigung brauchen Sie einen Besen oder den Staubsauger mit Polsterdüsenaufsatz. Praktisch ist auch ein improvisierter Staubwedel: Binden Sie ein sauberes Staubtuch locker um einen Besen und schreiten Sie zur Tat. Schütteln Sie das Staubtuch zwischendurch immer wieder aus, sonst ist die ganze Akrobatik sinnlos. Da Decken sich nur schwer feucht abwischen bzw. lassen, empfiehlt sich bei starker Verschmutzung ein Neuanstrich.

WÄNDE SÄUBERN Bei der Reinigung von Wänden arbeiten Sie im Kampf gegen den Staub mit den gleichen Waffen wie bei der Decke, also Staubsauger, Besen oder Staubwedel. Besonders nicht abwaschbare tapezierte Wände sollten regelmäßig abgestaubt werden, damit der Schmutz sich erst gar nicht festsetzt. Es gibt auch abwaschbare Tapeten. Wenn Sie sich nicht sicher sind, womit Sie es in Ihrem Heim zu tun haben, erkundigen Sie sich am besten im Fachhandel, ob Sie Ihrer Tapete mit Schwamm und Reinigerlösung zu Leibe rücken dürfen. Ebenfalls abwaschbar sind die meisten gestrichenen Wände. Eine Schritt-für-Schritt-Anleitung für eine gelungene Wandwäsche finden Sie auf der folgenden Doppelseite.

Wände mit Holzverkleidung pflegt man im Grunde nicht anders als Holzmöbel: Sie sollten regelmäßig abgestaubt, abgesaugt oder auch feucht abgewischt und einmal im Jahr mit einer geeigneten Politur aufgefrischt werden.

Tapeten ausbessern

Will ein Fleck partout nicht von der Tapete verschwinden, kann man die Tapete auch ausbessern, und zwar so:

- Reißen Sie ein in Größe und Muster passendes Stück Tapete aus der Ersatzrolle aus: Der ungleichmäßige Rand ist nachher im Tapetenmuster weniger gut zu erkennen.

- Kleben Sie den Flicken mit Tapetenkleister passend zum Musterverlauf auf. Bei älteren Tapeten empfiehlt es sich, das neue Stück einige Tage in der Sonne ausbleichen zu lassen.

TÜREN UND FUSSLEISTEN Nachdem der Staub entfernt ist, geht man gegen stärkere Verschmutzungen mit Schwamm, warmem Wasser und Spülmittel vor. Gelegentlich wird auch Waschmittel als probates Reinigungsmittel empfohlen, doch hier ist Vorsicht angeraten: Das Waschmittel könnte der Farbe schaden. Wer's trotzdem wagen will, sollte die Lauge erst an einem unauffälligen Eckchen ausprobieren. Wenn alle Flecken weg sind, mit klarem Wasser nachwischen und Tür bzw. Fußleisten trocken tupfen.

So geht's: Wände abwaschen

Selbst wenn man Wände regelmäßig abstaubt, sollte man sie – je nach Grad der Verschmutzung – alle ein bis zwei Jahre abwaschen. Nehmen Sie sich für dieses Projekt pro Tag aber immer nur ein Zimmer vor, denn das Ganze ist echte Knochenarbeit.

DAZU BRAUCHEN SIE

- mehrere alte Laken
- 1 Leiter
- 1 Staubwedel oder Staubsauger
- 1 sauberen weißen Putzlappen
- 1 nicht abfärbenden (Natur-)Schwamm

- 2 Eimer
- Spülmittel
- 250 ml Essig oder 50 ml Essigessenz
- 250 g Natron//Waschsoda
- Gummihandschuhe

Tipp

Sollten Sie nicht wissen oder herausfinden können, ob Ihre Tapete abwaschbar ist, können Sie sie an einer unauffälligen Stelle befeuchten. Wellt sie sich oder verlaufen die Farben, besser bei der Trockenreinigung bleiben.

1 Stauben Sie die Wände zunächst gründlich ab. Arbeiten Sie sich dabei von oben nach unten vor und vergessen Sie dabei nicht, den Staubwedel regelmäßig (draußen) auszuschütteln. Wer will, kann das Ganze natürlich auch mit dem Staubsauger machen.

2 Bereiten Sie für leicht verschmutzte Wände eine Reinigungslösung aus 4 l warmem Wasser und einigen Spritzern Spülmittel zu. In schwereren Fällen ersetzen Sie

das Spülmittel durch 250 ml Essig oder 50 ml Essigessenz und 250 g Waschsoda. Da es sich in diesem Fall um eine stärkere alkalische Lösung handelt, sollten Sie Ihre Hände auf jeden Fall mit Gummihandschuhen schützen. In den zweiten Eimer kommt das klare Wasser zum Nachspülen, das ausgetauscht werden muss, sobald es schmutzig ist.

3 Nun kann's losgehen: Waschen Sie die Wände von unten nach oben ab, denn Tropfspuren lassen sich von einer sauberen Fläche viel besser entfernen als von einer schmutzigen. Tauchen Sie den Schwamm in die Reinigungslösung und bearbeiten Sie jeweils nur eine kleine Fläche, die Sie sofort mit klarem Wasser nachspülen. Danach überschüssige Feuchtigkeit mit dem weißen Putzlappen abtupfen.

4 Waschen Sie jede Wand in einem Durchgang von unten nach oben und von Ecke zu Ecke ab und machen Sie dabei keine Pausen, da sonst Ränder entstehen könnten. Achten Sie darauf, dass das Mischungsverhältnis Ihrer Reinigungslösung für eine Wand immer exakt gleich ist, sonst könnte das Ergebnis Ihrer Säuberungsaktion ungleichmäßig werden.

Das hilft gegen Flecken an der Wand

Tapezierte Wände

☐ Fingerabdrücke und Schmierflecke vorsichtig mit einem Radiergummi entfernen. Alternativ können Sie dazu auch frisches, leicht verknetetes Weißbrot ohne Kruste verwenden. Manchmal verschwinden die Flecken auch erst nach mehreren Behandlungen.

☐ Hat man es mit einem Fettfleck zu tun, hilft das Bügeleisen: Küchen- oder Löschpapier auf den Fleck drücken und mit dem nicht zu heißen Bügeleisen darüberfahren. Diesen Vorgang wiederholen Sie so lange, bis der Fleck vollständig aufgesaugt ist. Natürlich müssen Sie das Papier regelmäßig erneuern, sonst bügeln Sie neue Fettflecken auf.

Gestrichene Wände

Hier ist die Fleckenentfernung recht unproblematisch. Gehen Sie jedoch immer behutsam vor, um den Anstrich nicht zu beschädigen.

☐ Fingerabdrücke und Bleistiftstriche kann man wegradieren.

☐ Lebensmittelflecken verschwinden, wenn man sie mit Reinigungsmilch behandelt.

☐ Haben Möbel Spuren hinterlassen, kommt erst das Radiergummi und dann Haushaltsreiniger zum Einsatz.

Einmaleins der Bodenpflege

Die meisten Böden lassen sich recht einfach reinigen: Wenn man Teppichböden regelmäßig staubsaugt, bleiben sie lange ansehnlich. Fliesen- und Kunststoffböden wirken gepflegt, wenn man sie beizeiten wischt. Holz macht trocken gemoppt schon einiges her. Bei anspruchsvolleren Bodenbelägen liefert der Hersteller die Pflegeanleitung im Normalfall mit. Die folgenden Hinweise liefern Ihnen jedoch eine grobe Orientierung im Umgang mit unterschiedlichen Bodenbelägen.

FLIESENBÖDEN Fegen, staubsaugen und je nach Bedarf feucht wischen oder auch feste schrubben. Glasierte Fliesen sollte man nie mit Scheuermittel behandeln, und unglasierte

Fliesen mögen keinen Essigreiniger, da sie säureempfindlich sind. Achtung: Glasierte Bodenfliesen auf keinen Fall bohnern, sonst werden sie zur gefährlichen Rutschbahn.

HOLZBÖDEN Hier hängt die Behandlung davon ab, ob das Holz versiegelt ist oder nicht. Unversiegelte Holzböden sollten regelmäßig mit Besen oder Mopp entstaubt werden. Bei hohem Staubaufkommen können Sie vor dem Fegen Sägemehl oder feuchte Teeblätter auf dem Boden verstreuen, dann bleibt der Staub am Boden. Hier sollten Sie beim gelegentlichen Wischen auf die Zugabe von Reinigern ganz verzichten. Ist der unversiegelte Boden Ihnen zu stark nachgedunkelt, bekommen Sie ihn mit reichlich Muskelkraft, einem Gemisch aus Scheuersand und gelöschtem Kalk (im Verhältnis 3:1) und dem Schrubber wieder hell. Versiegelte Holzböden wischt man – nach dem Saugen oder Fegen – feucht (nicht nass) mit einem milden Reiniger. Flecken, die dabei nicht verschwinden, kann man mit Spiritus abreiben. Holzböden sollten übrigens immer entlang der Maserung gewischt werden.

LAMINATBÖDEN Diesen relativ anspruchslosen Belag kann man fegen oder staubsaugen und mit Allzweck- oder Neutralreiniger feucht wischen. Eine besondere Pflege ist nicht nötig. Auf teure Laminat-Spezialreiniger können Sie getrost verzichten.

LINOLEUM-, PVC- UND KORKBÖDEN Diese Bodenbeläge putzt man mit warmem Wasser und einem Schuss Haushaltsreiniger. Was ihnen nicht guttut, sind scharfe Reinigungsmittel, Säuren, Schmierseife, Öl und Benzin. Wenn der Reiniger Spuren hinterlässt, mit klarem Wasser nachwischen. Für Glanz sorgt gelegentliches Polieren mit flüssigem Bohnerwachs. Wenn Sie die Wachsschichten, die sich so im Laufe der Zeit ansammeln, dann noch gelegentlich mit Bodenreiniger entfernen, sind diese Böden bestens gepflegt.

MARMORBÖDEN Hier wischt man einfach mit klarem Wasser, denn Reinigungsmittel machen den Marmor stumpf. Die Fleckenentfernung ist nicht ganz unproblematisch, da die polierte Oberfläche leicht Schaden nimmt. Man kann es mit einer aufgeschnittenen, mit wenig Salz bestreuten Zitrone versuchen, dabei aber wirklich nur ganz vorsichtig reiben. Säure kann den Marmor angreifen. Wenn das nicht hilft, sollte man sich Rat beim Fachmann holen.

TEPPICHBÖDEN Neben dem regelmäßigen Saugen steht hier bisweilen eine Grundreinigung an. Sie können dazu ein handelsübliches Teppichreinigungsmittel verwenden, das trocken auf den Teppich gestreut und später abgesaugt wird (nach Angaben des Herstellers vorgehen). Diese Methode ist für Teppichböden geeignet, die nicht feucht werden dürfen oder gleich nach dem Saubermachen wieder begehbar sein müssen.

In anderen Fällen können Sie den Teppich auch mit einer Lauge aus heißem Wasser und Waschmittel reinigen, die mit einer Bürste quer und längs in den Teppich eingerieben wird. Mit einem Schwamm wieder aufnehmen, d. h. so gut wie möglich „trocken tupfen", anschließend vollständig trocknen lassen. Zusätzlicher Vorteil dieser Methode: Der Teppich duftet anschließend nach Ihrem Lieblingswaschmittel.

Ökotipp !

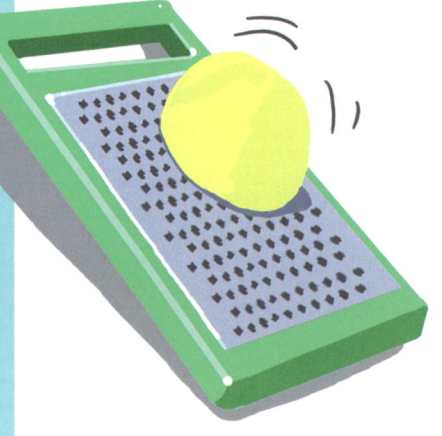

KARTOFFEL-TEPPICHREINIGER: Rohe Kartoffeln reiben, mit kochendem Wasser übergießen und Mischung nach ca. drei Stunden abseihen. Teppiche mit dem Kartoffelwasser abbürsten, das Ganze eine Weile einwirken lassen und Schmutz anschließend einfach absaugen.

SCHMUTZKILLER SALZ: Arbeiten Sie feuchtes Salz mit einer Bürste in den Teppich ein und lassen Sie es einwirken. Danach den Teppich gründlich absaugen. Das Salz wirkt gleichzeitig auch als Aufheller.

NATRON-TROCKENSHAMPOO: Teppich großzügig mit Natron bestreuen, 15 Minuten einwirken lassen und dann absaugen. Ergebnis: ein frischer und sauberer Teppich, geruchs- und staubmilbenfrei.

Kleine Verschmutzungen auf dem Teppich lassen sich übrigens häufig leicht mit einfachen Erfrischungstüchern entfernen. Ist der Fleck noch frisch, kann man Mineralwasser darauf gießen und anschließend mit einem Schwamm aufsaugen. Teppichfransen bleiben übrigens in Reih und Glied liegen und werden nicht so schnell schmutzig, wenn man sie mit Sprühstärke besprüht.

Die Fenster

Schöne Aussichten

Schmutzige Fenster sehen nicht nur ungepflegt aus, sondern tauchen die Wohnung auch bei schönstem Sonnenschein in Dämmerlicht. Trotzdem drückt man sich gern ums leidige Fensterputzen. Dabei geht es mit der richtigen Technik schneller und leichter, als man denkt.

DAZU BRAUCHEN SIE

- 1 hochwertigen Abzieher

- 1 Schwamm (ausschließlich fürs Fensterputzen)

- 1 Eimer warmes Wasser mit einigen Tropfen Spülmittel

- 1 Möbelpinsel oder Handfeger

- 1 feuchtes Tuch

1 Fensterrahmen und -leisten mit Möbelpinsel oder Handfeger säubern.

2 Fenster mit dem feuchten (!) Schwamm in kreisförmigen Bewegungen von den Ecken bzw. Rändern hin zur Mitte wischen.

3 Nun Abzieher an der linken oberen Fensterecke ansetzen. Dabei liegt nur 1 cm des Wischblattes auf. Nun quer bis in die rechte Ecke ziehen, sodass ein 1 cm breiter „Trockenstreifen" entsteht (Abb. 1). Abzieher mit einem feuchten Tuch abwischen. Nun

Abzieher der Breite nach in der linken oberen Ecke ansetzen und senkrecht nach unten ziehen (Abb. 2), dabei ragt der Abzieher stets einige Zentimeter in die bereits getrocknete Fläche hinein. Gesamtes Fenster so in senkrechter Richtung abziehen,

 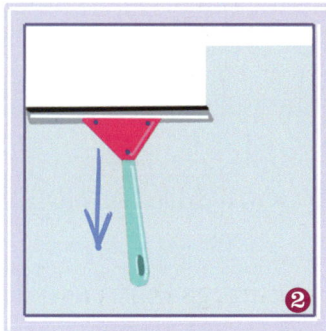

und Wischblatt nach jedem Strich abwischen. Mit einem horizontalen Strich am unteren Fensterrand entfernen Sie das Wasser, das sich dort angesammelt hat.

WUNDERWAFFE MIKROFASERTUCH Mit einem hochwertigen Mikrofasertuch speziell für die Glasreinigung geht's noch schneller: Einfach mit dem angefeuchteten Tuch über die Fenster wischen, und fertig. Bei besonders schmutzigen Fenstern eventuell mit einem mit Reinigungsmittel befeuchteten Schwamm vorwischen.

Tipp !

- Verschwenden Sie kostbare Sonnentage nicht mit dem Wienern der Fenster: Bei direkter Sonneneinstrahlung und hohen Temperaturen verdunstet das Wasser viel zu schnell, das gibt Streifen.

- Fenster beim normalen Hausputz mit abstauben, das gibt Aufschub fürs Fensterputzen.

- Ersparen Sie sich das mühsame Abhängen der Gardinen vor dem Fensterputzen: Einfach den unteren Teil der Gardine über einen Hosenbügel schlagen und den Bügel am äußeren Rand der Gardinenstange aufhängen – schon ist die Gardine aus dem Weg.

- Große Fenster und Türen in zwei Durchgängen putzen: Erst die obere Hälfte waschen und abziehen, dann die untere.

- Je nach Anzahl der Fenster: Nehmen Sie sich nicht vor, alle Fenster auf einmal zu putzen, sondern arbeiten Sie sich häppchenweise durch die Wohnung.

Gepflegter Sichtschutz

Optimale Partner für blinkende Fenster sind frische Vorhänge, saubere Jalousien und makellose Rollos. Und wenn man die richtigen Strategien anwendet, finden sie garantiert auch schnell zusammen.

VORHÄNGE Gewöhnen Sie sich an, Vorhänge (und auch Gardinen) leicht auszuschütteln, wenn Sie putzen. So sammelt sich erst gar kein Staub an. Schwere Vorhänge kann man mit der Polsterdüse des Staubsaugers absaugen, bei leichten reicht eine Behandlung mit dem Möbelpinsel. Gardinen und leichte Vorhänge können Sie in der Waschmaschine waschen (Programm „Pflegeleicht" wählen) und nass wieder aufhängen, dann gibt's keine Falten. Große Vorhänge waschen Sie am besten in der Badewanne: Sie sind zu schwer für die Waschmaschine und könnten das Gerät beschädigen. Bei gefütterten Vorhängen aus unterschiedlichen Materialien überlässt man die Wäsche lieber dem Fachmann, da verschiedene Stoffqualitäten beim Waschen unterschiedlich einlaufen könnten.

SPRINGROLLOS Hier kommt es darauf an, wie der Stoff vorbehandelt ist – achten Sie also auf die Herstellerangaben. Verunreinigungen auf feucht abwischbaren Rollos mit einer weichen Bürste entfernen. Bei stärkeren Verschmutzungen kann man sie mit warmen Wasser und einem milden Reiniger säubern. Als „abbürstbar" gekennzeichnete Rollos nur mit einer weichen Bürste behandeln, Wasser und Reinigungsmittel bekommen ihnen nicht gut. Waschbare Rollostoffe vertragen Wasserbäder bei maximal 30 °C – je nach Qualität auch mit einem milden Waschmittel. Sie sollten tropfnass aufgehängt werden, damit keine Knicke oder Falten entstehen. Achten Sie darauf, dass der Rollmechanismus beim Baden nicht mit Wasser in Berührung kommt, sonst besteht Rostgefahr.

RAFFROLLOS Raffrollos sollten Sie regelmäßig mit der Polsterdüse absaugen und mit einem feuchten Tuch wischen. Bei vielen Modellen ist der textile Teil mit einem Klettverschluss am Rollmechanismus befestigt, sodass man ihn bei Bedarf auch in einer milden

Seifenlauge waschen kann – bitte achten Sie jedoch auf die Herstellerinformationen. Ganz besonders empfindlich auf Wasser und Seife reagieren vor allem beschichtete Rollostoffe.

JALOUSIEN Regelmäßiges Abstauben ist auch hier das Mittel der Wahl. Dazu die Jalousie so einstellen, dass die Lamellen eine glatte Fläche ergeben, und abwischen, eventuell auch mit einem feuchten Tuch, danach Lamellen in entgegengesetzte Richtung drehen und ebenso behandeln. Bei starken Verschmutzungen vertragen Jalousien auch ein Wannenbad – das gilt allerdings nicht für Modelle aus Holz. Verwenden Sie dazu ein mildes Reinigungsmittel oder Natron und reinigen Sie die Lamellen mit einem Schwamm oder einer weichen Bürste. Hängen Sie die Jalousien nach dem Abspülen mit klarem Wasser so auf, dass die Lamellen senkrecht stehen. Achten Sie darauf, dass der Rollmechanismus nicht mit Wasser in Berührung kommt.

ROLLLÄDEN Legen Sie die Fensterbänke mit alten Handtüchern oder Lappen aus, damit das herabtropfende Wasser nicht Wohnzimmertapete oder Außenfassade verschmutzt. Lassen Sie den Rollladen so weit herunter, dass Sie Spalten und Löcher noch erreichen können. Reiben Sie den Rollladen innen wie außen (soweit das gefahrlos möglich ist) mit einer kräftigen Seifenlauge ab und wischen Sie mit klarem Wasser nach. Da die Außenreinigung von Rollläden in den oberen Etagen nicht ganz ungefährlich ist, ist zu erwägen, ob es nicht reicht, die Rollläden gelegentlich bei Regen herunterzulassen. Den Rollladengurt sollten Sie regelmäßig mit einem feuchten Mikrofasertuch abwischen. Wenn das nicht reicht, können Sie es mit Allzweckreiniger oder Teppichschaum versuchen. Ziehen Sie den Gurt zu Beginn der Putzaktion ganz heraus und lassen ihn beim Säubern Stück für Stück wieder einrollen.

Ökotipp!

Schmutzige Rollladengurte werden wieder strahlend sauber, wenn man sie mit einer Paste aus Natron und einigen Tropfen Wasser behandelt.

Putzpläne für Alltag und Notfall

Am Ball bleiben heißt die Devise im Putzalltag. Wer immer wieder ein bisschen macht, hat letztlich weniger zu tun als Freunde des sporadischen Großreinemachens.

WAS JEDEN TAG ZU TUN IST

- Betten machen
- Schmutzwäsche in den Wäschekorb, eventuell eine Ladung Wäsche waschen und saubere Wäsche in den Schrank räumen
- Arbeitsbereich in der Küche und Herd abwischen (falls dort gekocht wurde)
- Küchenfußboden fegen oder saugen
- Mülleimer leeren
- Aufräumen
- Abwaschen
- Toilette putzen

WAS MAN EINMAL IN DER WOCHE ANFÄLLT

- Küche putzen
- Bad putzen
- In allen Zimmern Staub wischen und Fußböden saugen bzw. fegen und wischen
- Bettwäsche und Handtücher wechseln

Wie man sich die wöchentlichen Arbeiten aufteilt, ist Typsache. Während der eine lieber alles an einem Tag erledigt, teilt der andere sich das Putzen in Tageshäppchen ein – entweder Zimmer für Zimmer oder Aufgabe für Augabe (Wischen, Saugen usw.). Entscheidend ist, dass der Zyklus nach einer Woche abgeschlossen ist.

WENN ES PLÖTZLICH SEHR SCHNELL GEHEN MUSS

Das kennt wohl jeder: Zu Hause sieht's aus wie bei Hempels unterm Sofa, und plötzlich kündigt sich kurzfristig unerwarteter Besuch an. Doch auch für solche Probleme gibt es Lösungen: Mit dem folgenden Notfallprogramm sieht Ihre Wohnung im Handumdrehen einigermaßen präsentabel aus.

- Müll rausbringen, lüften und im Notfall Duftkerzen anzünden.

- Mit einem Wäschekorb oder einer großen Tüte einen Rundgang durch die Wohnung machen und alles hineinwerfen, was stört (von der Sonntagszeitung bis zu herrenlosen Socken) und ab damit in einen Raum, den der Besuch garantiert nicht zu sehen bekommt.

- Zustand der Toilette überprüfen, durchs Waschbecken und über die Armaturen wischen, Ablage aufräumen. Für frisches Gästehandtuch sorgen und übrige Handtücher ordentlich aufhängen

- (Hoffentlich leere) Spülmaschine beladen oder im schlimmsten Fall Spülberg in einen Wäschekorb räumen und unter die Spüle/auf den Balkon/in den Keller/ins Schlafzimmer (Müllsack unterlegen) verbannen.

- Tische abwischen und Teppiche glattziehen, Fussel und Krümel so gut wie möglich aufklauben, eventuell mit dem Akkusauger arbeiten.

- Im Wohnzimmer Möbel gerade rücken, Kuscheldecken falten, Kissen aufschütteln.

- Herumliegende Mäntel und Jacken aufhängen, Schuhe in Reih und Glied aufstellen oder alles im Schlafzimmer verschwinden lassen.

- Schlafzimmertür und Türen zu weiteren Zimmern, die Sie nicht aufgeräumt haben, schließen, Hände waschen, kämmen und aufs Türklingeln warten.

Lebensmittel

Sinnvoll planen

Den Speiseplan reformieren

Es ist verrückt: Das, was wir einkaufen, entspricht allzu häufig gar nicht dem, was wir gern essen würden. Als Grund dafür wird meist Zeitmangel angeführt, doch schuld daran ist vor allem schlechte oder fehlende Planung. Essen ist ein Grundbedürfnis, das vielen Menschen offensichtlich erst in den Sinn kommt, wenn der Hunger da ist: Nicht umsonst bilden sich zur Mittagszeit und um den Feierabend lange Schlangen an den Supermarktkassen. Dort müssen Sie sich nicht einreihen, wenn Sie Ihr Ernährungsmanagement gezielt in die Hand nehmen.

PLANEN WIE DIE PROFIS Kaum ein Küchenchef setzt sich jeden Morgen hin und überlegt, was in seinem Restaurant auf der aktuellen Tageskarte stehen soll, um sich dann in aller Hektik auf den Weg zum Großmarkt zu machen. Geplant und eingekauft wird für die ganze Woche, Frisches auf Bestellung geliefert. Nehmen Sie sich ein Vorbild an dieser Einkaufsorganisation – und nicht nur, wenn Sie eine ganze Familie versorgen müssen, sondern auch, wenn Sie allein leben. Gerade in Singlehaushalten regieren oft Fertiggerichte den Speiseplan, der täglich kurzfristig erst am Abend im Supermarkt Gestalt annimmt.

GERICHTE AUSWÄHLEN Nehmen Sie sich einmal in der Woche Zeit für die Menüplanung der nächsten sieben Tage. Wer nun einwendet: „Ich weiß doch noch gar nicht, auf was ich nächsten Freitag Lust habe", sollte kurz in sich gehen und sich fragen, ob das, was beim täglichen Spurt durch den Supermarkt im Einkaufswagen landet, tatsächlich seinen kulinarischen Vorlieben entspricht – oder ob nicht vielmehr Hunger und Zubereitungszeit die Wahl bestimmen. Überzeugt? Dann kann es ja losgehen.

Wählen Sie zumindest für den Anfang unkomplizierte und schnelle Rezepte für den Alltag, aufwendige Gerichte gibt es an freien Tagen. Bedenken Sie dabei besondere Termine wie Essenseinladungen, Geburtstage oder abendliche Verpflichtungen, und räumen Sie allen, die täglich mit am Esstisch sitzen, ein Mitspracherecht ein, sonst wird Ihr Projekt bald auf Widerstand stoßen. Grundsätzlich aber gilt die Regel „Wer kocht, hat das letzte Wort". Berücksichtigen Sie bei der Auswahl der Gerichte auch vorhandene Vorräte, bevor diese in Kühltruhe und Küchenschrank in Vergessenheit geraten und zu ungenießbaren Ladenhütern werden. Hängen Sie den Wochenspeiseplan öffentlich aus, zum Beispiel am Kühlschrank.

ZEIT SPAREN Viele Gerichte lassen sich prima einfrieren, etwa Aufläufe und Eintöpfe. Gewöhnen Sie sich an, diese gleich in doppelter Menge zu kochen, das macht deutlich weniger Arbeit, als sich zweimal mit dem Einkauf der Zutaten und der Zubereitung zu beschäftigen. Die eine Hälfte kommt auf den Tisch, die andere gut verpackt und beschriftet in den Tiefkühler. Profis kochen auch mal vier oder fünf Familienportionen eines Gerichts.

Tipp !

- [ ] Machen Sie es sich zur Gewohnheit, jeden Morgen einen Blick auf den Speiseplan zu werfen, um eventuell Zutaten aus dem Gefrierschrank zu holen, einzuweichen usw.

- [ ] Bewahren Sie Ihre wöchentlichen Speisepläne auf: Sie können nach geraumer Zeit einfach wiederholt werden oder als Anregung dienen.

- [ ] Notieren Sie sich bei neuen Rezepten, wie sie bei den Mitessern angekommen sind. Nichts ist frustrierender für den Koch als lange Gesichter am Mittagstisch.

- [ ] Auch bei guter Menüplanung gibt es immer wieder Lebensmittel, die frisch eingekauft werden müssen: Delegieren Sie diese Aufgabe an andere Haushaltsmitglieder.

EINKAUFSZETTEL SCHREIBEN Nehmen Sie Ihren Wochenspeiseplan in die Hand und durchforsten Sie Ihre Vorräte. Notieren Sie alles, was Ihnen zur Zubereitung der Gerichte fehlt. Damit sind schon mal die warmen Mahlzeiten abgedeckt. Im nächsten Schritt kümmern Sie sich um das, was Sie sonst noch brauchen: Brot und Brotaufstrich für die restlichen Mahlzeiten, Kaffee, Tee, Milch und andere Getränke, Putzmittel, Hygieneartikel usw. Hilfreich ist ein Einkaufszettel, den Sie jede Woche mit dem neuen Wochenplan an den Kühlschrank hängen: Dort können alle Haushaltsmitglieder ihre besonderen Wünsche aufschreiben, und Fehlendes kann sofort vermerkt werden.

ZEIT UND WEGE PLANEN Wenn Sie Ihren Einkaufszettel geschrieben haben, sehen Sie, ob Sie Dinge aus verschiedenen Läden brauchen. In diesem Fall sollten Sie die zurückzulegende Route und die dafür notwendige Zeit planen. Lange Fahrerei oder umständliche Wege sorgen nur für unnötigen Stress. Erledigen Sie große Wocheneinkäufe nicht gehetzt in Ihrer ohnehin

knappen Mittagspause, das führt nur
dazu, dass Sie Sachen vergessen oder aus
Zeitnot doch von den Plänen abweichen.
Außerdem kauft man in der Mittagspause hungrig ein, wodurch immer mehr
im Einkaufswagen landet, als auf der
Liste steht.

SCHNÄPPCHEN PRÜFEN Wenn Sie zu
den Schnäppchenjägern gehören und
sich preisgünstige Angebote verschiedener Supermärkte heraussuchen, um dann
diese in großen Mengen einzukaufen,
prüfen Sie vorher in jedem Fall die notwendigen Fahrtstrecken. Wenn Sie für
das Benzin mehr Geld ausgeben als Sie
an den Schnäppchen sparen, lohnt sich
die Fahrerei nicht. Auch die Zeit sollten
Sie dabei im Auge behalten: Bleibt Ihnen

Tipp !

Machen Sie sich aber nicht zum Sklaven Ihrer
eigenen Listen. Ein guter Stratege kann
gefasste Pläne auch einmal per Handstreich
verwerfen: Haben Sie keine Zeit für den ein-
geplanten Großeinkauf oder für das Kochen
des Familienmenüs, weil irgendetwas
dazwischen gekommen ist, lassen Sie sich
davon nicht unter Druck setzen, sondern
führen Ihre Lieben kurzerhand zum Italiener
um die Ecke aus oder bestellen Pizza. Oder
Sie kochen ein schnelles Gericht aus Konserven oder sonstigen vorhandenen Vorräten
(ein Beispiel für ein Blitzmenü finden Sie am
Ende dieses Kapitels). Hauptsache, Sie lassen
sich vom Scheitern der Pläne nicht die Laune
verderben.

sowieso schon zu wenig Zeit für sich und Ihre Familie, sind die zusätzlichen Kosten für
Nicht-Schnäppchen womöglich gut angelegt. Sollten Sie sich trotzdem auf Schnäppchenjagd begeben, fragen Sie Freunde, ob sie Sie begleiten wollen. Dann wird die Einkaufstour
gleich entspannter und Sie können sich die Benzinkosten teilen.

GELD SPAREN Auch wenn Sie beim Einkaufen aufs Geld sehen müssen, ist eine gute
Planung von Vorteil. Wenn Sie auf Schnäppchenjagd gehen, beachten Sie die Hinweise
oben und planen Ihre Wege gut ein. Aber nicht nur mit Angeboten lässt sich sparen.
Richten Sie beim Obst- und Gemüseeinkauf Ihr Augenmerk auf saisonale und regionale
Ware, die ist nicht nur günstiger, sondern auch frischer und besser.
Verzichten Sie aus Sparzwang nicht ständig auf alles, was Ihnen
schmeckt, das wird Sie nur frustrieren und lässt sich auch nicht
wirklich gut durchhalten. Besser ist es, Spartage einzuführen und
etwaige Luxusartikel nur ab und an auf die Einkaufsliste zu setzen.

Gezielt einkaufen

Wie man einkauft

Der eine fährt diverse Discounter, Bio-, Super- und Wochenmärkte an, um so günstig oder vernünftig wie möglich einzukaufen, der andere erledigt alle Einkäufe in einem einzigen Supermarkt, um die ganze Angelegenheit so schnell wie möglich hinter sich zu bringen. Für welche Variante Sie sich entscheiden, ist letztlich eine Frage der individuellen Lebenssituation und des Typs. Die folgenden Tipps und Hinweise helfen aber immer.

EINKAUFSLISTE SORTIEREN Hier haben sich zwei Verfahren bewährt: Sie können die Waren auf Ihrer Liste in der Reihenfolge ordnen, wie sie im Supermarkt präsentiert werden:

Bis auf einige Abweichungen vor allem in Discount-Supermärkten ist die Anordnung der Waren im Wesentlichen immer gleich, und in Ihrem Stammsupermarkt werden Sie sich sowieso gut auskennen. Oder Sie versehen die Waren auf Ihrer Liste mit Symbolen, die Ihnen anzeigen, zu welcher Produktgruppe sie gehören: Kreis für Obst- und Gemüse, Kreuzchen für Kühlwaren, Dreieck für Hygieneartikel und Putzmittel usw. Arbeiten Sie Ihre Liste konsequent ab. Ans Ende der Liste kommen die Dinge, die Sie nicht im Supermarkt kaufen wollen oder können, sondern in der Bäckerei, Metzgerei, Apotheke usw.

BEWUSST EINKAUFEN Auch wer sich gegen einen Einkauf beim Discounter entschieden hat, muss nicht unbedingt mehr Geld bezahlen. Fast alle Supermarktketten bieten Hausmarken von guter Qualität an, die sich im Preis gar nicht oder kaum von Discounter-Artikeln unterscheiden. Zum Standardsortiment gehören außerdem nahezu überall Bio-Produkte und Obst, Gemüse, Fleisch- und Wurstwaren aus regionaler Erzeugung. Kaufen Sie hauptsächlich saisonales Obst und Gemüse: Es schmeckt am besten und kostet am wenigsten. Fertigprodukte und -gerichte hingegen sollten Sie besser meiden: Sie sind teuer und enthalten meistens viele Zusatz- und Konservierungsstoffe. Vorsicht auch bei Großpackungen: Groß heißt nicht unbedingt günstig. Vergleichen Sie immer die angegebenen Kilo- oder 100-g-Preise. Kaufen Sie außerdem nur in großen Mengen, wenn Sie sicher sind, dass Sie später nicht die Hälfte wegschmeißen müssen.

INTELLIGENT EINPACKEN Am praktischsten ist es, die Einkäufe gleich an der Kasse zu sortieren. Packen Sie jeweils zusammen, was in Kühlschrank, Gefrierschrank, Vorratsraum, Keller usw. gehört, dann geht das Einräumen zu Hause schneller. Alternativ können Sie Ihren Einkauf auch gleich vom Einkaufswagen in verschiedene Kisten in Ihrem Auto räumen. Wer viel Tiefkühlkost kauft, sollte dort auch eine Kühltasche deponieren.

Was man einkauft

Mit einer gut sortierten, in Zusammensetzung und Ausmaßen an Größe von Haushalt, Heim und Hunger anpassten Vorratshaltung ersparen Sie sich lästige und zeitraubende Ausflüge zum Supermarkt, bei denen Sie für ein Paket Salz eine Viertelstunde an der Kasse anstehen. Außerdem lässt Sie eine gute Vorratshaltung entspannter bleiben, wenn der Großeinkauf nicht wie geplant stattfinden kann oder plötzlich Gäste vor der Tür stehen. Und nein, eine Speisekammer zu haben, ist weder spießig noch überflüssig.

TROCKENVORRAT ANLEGEN Füllen Sie Ihre Speisekammer oder auch das Vorratsregal mit einer Auswahl an haltbaren Lebensmitteln, die Sie regelmäßig brauchen: Mehl, Zucker, Nudeln und Reis als wichtige Kohlehydratlieferanten, dazu – wenn Sie mögen – einige Fisch- oder Fleischkonserven sowie Obst und Gemüse in Gläsern oder Dosen.
Salz, Gewürze und getrocknete Kräuter sollten auch immer in Reserve sein, ebenso Öl und Essig und eventuell ein weiteres Fett wie Margarine.
Für den Durst gibt's Wasser und (Kräuter-)Tee, für den Kreislauf Kaffee. Mit diesem Sortiment müssen Sie schon mal nicht verhungern, wenn im Kühlschrank Ebbe herrscht. Ergänzen Sie diese Basisausstattung individuell mit Produkten der haltbaren Sorte, die bei Ihnen häufig auf den Tisch kommen.

GEFRIERSCHRANK FÜLLEN Was bei den Trockenvorräten zu kurz kommt, ist die Vitaminversorgung. Die kann man sicherstellen, indem man sich angewöhnt, immer eine kleine Auswahl an Tiefkühlgemüse und -obst im Eisfach zu haben. Wer Lust hat, friert Frisches selbst ein,

Tipp !

Bananen – die nicht in den Kühlschrank gehören – reifen langsamer, wenn man sie einzeln in Zeitungspapier wickelt. Überreife Früchte muss man nicht wegschmeißen: Mit etwas Zitrone zu einem Brei zerdrücken, einfrieren und bei Gelegenheit zu einem Dessert verarbeiten.

Auch Tomaten sind im Kühlschrank schlecht aufgehoben, und nachreifen tun sie nur an schattigen, warmen Orten. Werden sie dabei zu weich, legt man sie eine Stunde in kaltes Wasser.

wer keine Zeit hat, verlässt sich auf die durchaus zuverlässige Qualität im Supermarkt. Fleischesser packen noch das ein oder andere Steak oder Schnitzel dazu. Auch ein kleines Sortiment an Fertiggerichten kann sich in Krisenzeiten als Rettung erweisen.

KÜHLSCHRANK FÜTTERN Kaufen Sie auch regelmäßig verzehrte Frischeprodukte routinemäßig nach: Dazu gehören diverse Milchprodukte, Eier und Käse und auch Wurst und Schinken: Abgepackte Produkte haben aber zwar nicht unbedingt die Qualität von Waren aus der Käse- oder Wursttheke, halten sich dafür aber im verschlossenen Zustand meistens recht lange und stellen die Grundversorgung sicher. Extrawürste und sonstige Spezialitäten können Sie sich ja bei Ihrem Wocheneinkauf trotzdem gönnen.

OBST UND GEMÜSE NICHT VERGESSEN Viele Obst- und Gemüsesorten kauft man natürlich am besten frisch, doch robuste Vitaminspender wie Äpfel, Birnen, Bananen, Möhren, Sellerie und andere Wurzelgemüse gehören durchaus zu den Kandidaten, die eine Woche und mehr überleben können, ohne gleich reif für die Mülltonne zu sein.

Kurios, aber wahr:

Die Bundesregierung Deutschland empfiehlt, pro Person immer einen Grundvorrat von Lebensmitteln im Haus zu haben, der bei einer Kalorienzufuhr von ca. 2200 kcal pro Tag ungefähr 14 Tage reichen soll. Und das soll drin sein:

- [ ] 4,6 kg Getreide, Getreideprodukte, Brot, Kartoffeln (Vollkornbrot, Zwieback, Reis, Nudeln, Haferflocken usw.)

- [ ] 5,6 kg Gemüse und Hülsenfrüchte (Gemüsekonserven, Eingelegtes, frische Zwiebeln)

- [ ] 3,5 kg Obst (Konserven, Trockenfrüchte, Nüsse, frisches Obst)

- [ ] 24 l Getränke (Mineralwasser, Zitronensaft, Kaffee, Tee)

- [ ] 3,7 kg Milch und Milchprodukte (H-Milch, Hartkäse)

- [ ] 1,7 kg Fisch, Fleisch, Eier (Fischkonserven, Corned Beef, Leberwurst im Glas, Bockwürstchen usw.)

- [ ] 0,5 kg Fette, Öle (Oliven-, Maiskeim- oder Sonnenblumenöl, Streichfett)

- [ ] Sonstiges nach Belieben (Zucker, Süßigkeiten, Fertiggerichte, Salz, Kartoffeltrockenprodukte, Hartkekse, Salzstangen)

Diese Angaben stammen aus der Broschüre „Für den Notfall vorgesorgt" des Bundesamtes für Bevölkerungsschutz und Katastrophenhilfe.

Saisonkalender für Obst…

Nach einem abwechslungsreichen heimischen Obstangebot im Sommer muss man den Winter weitgehend mit Äpfeln über die Runden bringen – oder Südfrüchte kaufen. Dabei sollte man aber darauf achten, dass es sich möglichst um fair gehandelte Produkte aus biologischem Anbau handelt.

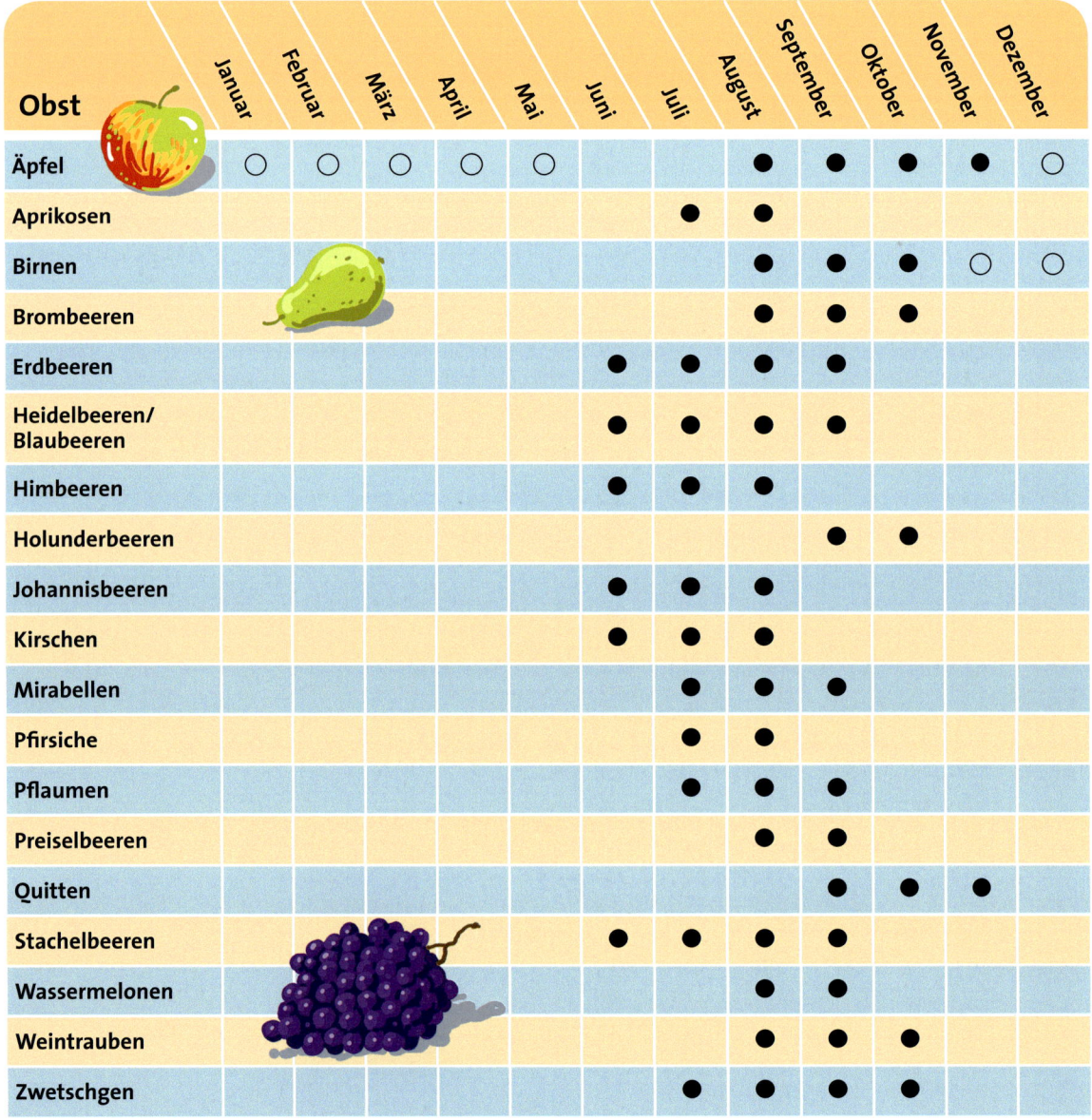

Obst	Januar	Februar	März	April	Mai	Juni	Juli	August	September	Oktober	November	Dezember
Äpfel	○	○	○	○	○			●	●	●	●	○
Aprikosen							●	●				
Birnen								●	●	●	○	○
Brombeeren								●	●	●		
Erdbeeren						●	●	●	●			
Heidelbeeren/ Blaubeeren						●	●	●	●			
Himbeeren						●	●	●				
Holunderbeeren									●	●		
Johannisbeeren						●	●	●				
Kirschen						●	●	●				
Mirabellen								●	●	●		
Pfirsiche								●	●			
Pflaumen								●	●	●		
Preiselbeeren								●	●			
Quitten									●	●	●	
Stachelbeeren						●	●	●	●			
Wassermelonen									●	●		
Weintrauben									●	●	●	
Zwetschgen							●	●	●	●		

● frisch aus heimischem Anbau   ○ als Lagerware aus heimischem Anbau

Gemüse …

Im Sommer gibt es saisonales Gemüse in Hülle und Fülle, doch auch im Winter ist das Angebot beachtlich: Zu den diversen Wintergemüsesorten kommen solche, die sich zur Lagerung eignen, zum Beispiel Möhren, rote Beete und Rotkohl. Im Frühling, wenn die Lagervorräte zu Ende gehen und die neue Ernte noch nicht da ist, heißt es dann eine Weile die Zähne zusammenbeißen.

Gemüse	Januar	Februar	März	April	Mai	Juni	Juli	August	September	Oktober	November	Dezember
Auberginen							●	●	●	●		
Blumenkohl					●	●	●	●	●	●		
Bohnen, grüne							●	●	●	●		
Bohnen, dicke						●	●	●				
Brokkoli						●	●	●	●	●		
Butterrüben	○	○	○	○				●	●	●	●	●
Champignons	●	●	●	●	●	●	●	●	●	●	●	●
Erbsen						●	●	●				
Fenchel						●	●	●	●	●		
Grünkohl	●	●									●	●
Gurken/ Salatgurken						●	●	●	●	●		
Kartoffeln	○	○	○	○	●	●	●	●	●	●	○	○
Kohlrabi					●	●	●	●	●			
Kürbis	○	○						●	●	●	●	○
Lauch/Porree	●	●	●	●				●	●	●	●	●
Lauch-/Frühlings- zwiebeln					●	●	●	●	●	●		
Mais								●	●	●		

● frisch aus heimischem Anbau   ○ als Lagerware aus heimischem Anbau

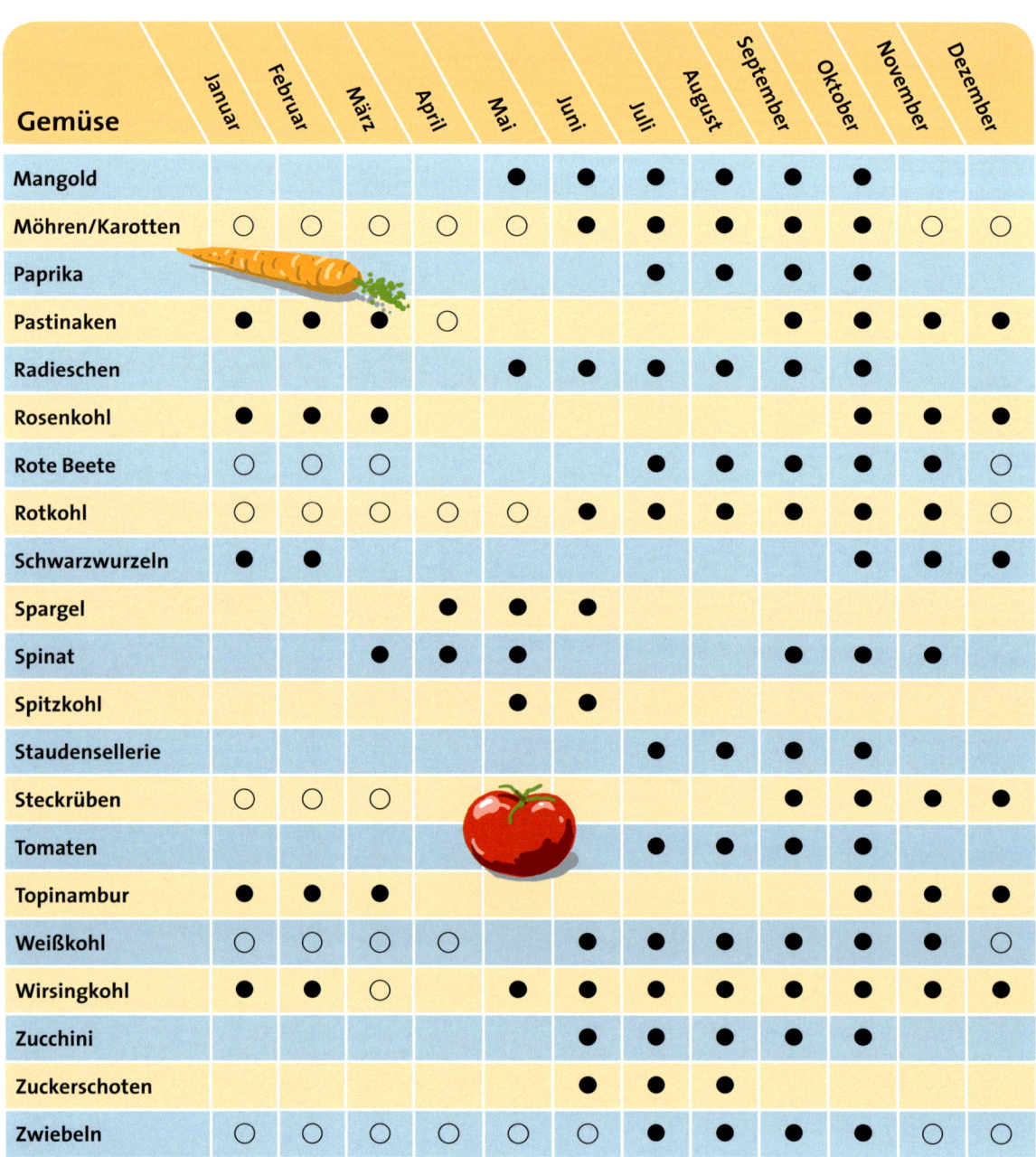

Gemüse	Januar	Februar	März	April	Mai	Juni	Juli	August	September	Oktober	November	Dezember
Mangold					●	●	●	●	●	●		
Möhren/Karotten	○	○	○	○	○	●	●	●	●	●	○	○
Paprika							●	●	●	●		
Pastinaken	●	●	●	○						●	●	●
Radieschen					●	●	●	●	●	●		
Rosenkohl	●	●	●							●	●	●
Rote Beete	○	○	○					●	●	●		○
Rotkohl	○	○	○	○	○	●	●	●	●	●	●	○
Schwarzwurzeln	●	●								●	●	●
Spargel				●	●	●						
Spinat			●	●	●				●	●	●	
Spitzkohl					●	●						
Staudensellerie								●	●	●		
Steckrüben	○	○	○						●	●	●	●
Tomaten							●	●	●			
Topinambur	●	●	●							●	●	●
Weißkohl	○	○	○	○			●	●	●	●	●	○
Wirsingkohl	●	●	○			●	●	●	●	●	●	●
Zucchini						●	●	●	●	●		
Zuckerschoten						●	●	●				
Zwiebeln	○	○	○	○	○	○	●	●	●	●	○	○

● frisch aus heimischem Anbau   ○ als Lagerware aus heimischem Anbau

… und Salat

Während man im Sommer die freie Salatwahl hat, gibt es im Winter nur Feldsalat und hier und da auch Portulak. Für Abwechslung sorgen dann Rohkostsalate aus Karotten, Kohl und rote Bete.

Salat	Januar	Februar	März	April	Mai	Juni	Juli	August	September	Oktober	November	Dezember
Ackersalat/Feldsalat	●	●	●	●						●	●	●
Batavia					●	●	●	●	●			
Chicorée	●	●	●	●						●	●	●
Eichblattsalat					●	●	●	●	●			
Eisbergsalat						●	●	●	●			
Endiviensalat					●	●	●	●	●	●	●	●
Kopfsalat					●	●	●	●	●	●		
Lollo Rosso					●	●	●	●	●			
Portulak	●	●	●	●				●	●	●	●	●
Radicchio		○	○					●	●	●	●	○
Rauke					●	●	●	●	●	●		

● frisch aus heimischem Anbau   ○ als Lagerware aus heimischem Anbau

Richtig lagern

Rund um den Kühlschrank

Wer seinen Kühlschrank richtig aufstellt und klug belädt, hat mehr davon. Nutzen Sie die Vielschichtigkeit dieses unentbehrlichen Haushaltsgeräts.

TECHNISCHE ASPEKTE Der Kühlschrank steht am besten an einem kühlen, schattigen Platz, denn bei direkter Sonneneinstrahlung muss er auf Hochtouren arbeiten. Die Kühlschranktemperatur sollte auf Höhe des obersten Einlegebodens bei 6–8 °C liegen. Beladen Sie das Gerät nicht zu sehr – bei Überfüllung kann die Luft nicht richtig zirkulieren. Achten Sie darauf, dass der Kühlschrank waagerecht steht. Schieflagen korrigiert man mittels der Schraubfüße des Gerätes.

VOR DEM EINRÄUMEN Fahnden Sie nach abgelaufenen und verdorbenen Lebensmitteln, entfernen Sie Ladenhüter und werfen Sie durchaus mal ein Auge darauf, was Sie da entsorgen: Wenn Sie zum dritten Mal hintereinander ein Lebensmittel wegwerfen müssen, das sich in Ihrer Familie eine ganze Weile größter Beliebtheit erfreut hat, können Sie davon ausgehen, dass der Boom vorbei ist. Passen Sie Ihre Einkaufsgewohnheiten laufend den Ernährungsgewohnheiten Ihrer Lieben an.

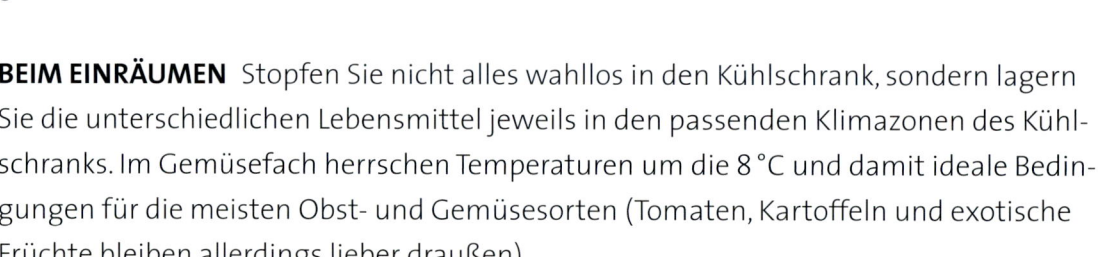

BEIM EINRÄUMEN Stopfen Sie nicht alles wahllos in den Kühlschrank, sondern lagern Sie die unterschiedlichen Lebensmittel jeweils in den passenden Klimazonen des Kühlschranks. Im Gemüsefach herrschen Temperaturen um die 8 °C und damit ideale Bedingungen für die meisten Obst- und Gemüsesorten (Tomaten, Kartoffeln und exotische Früchte bleiben allerdings lieber draußen).
In dem Fach unmittelbar darüber sowie im hinteren Bereich des Kühlschranks ist es am kältesten (um 2 °C) und damit genau richtig temperiert für leicht verderbliche Lebens-

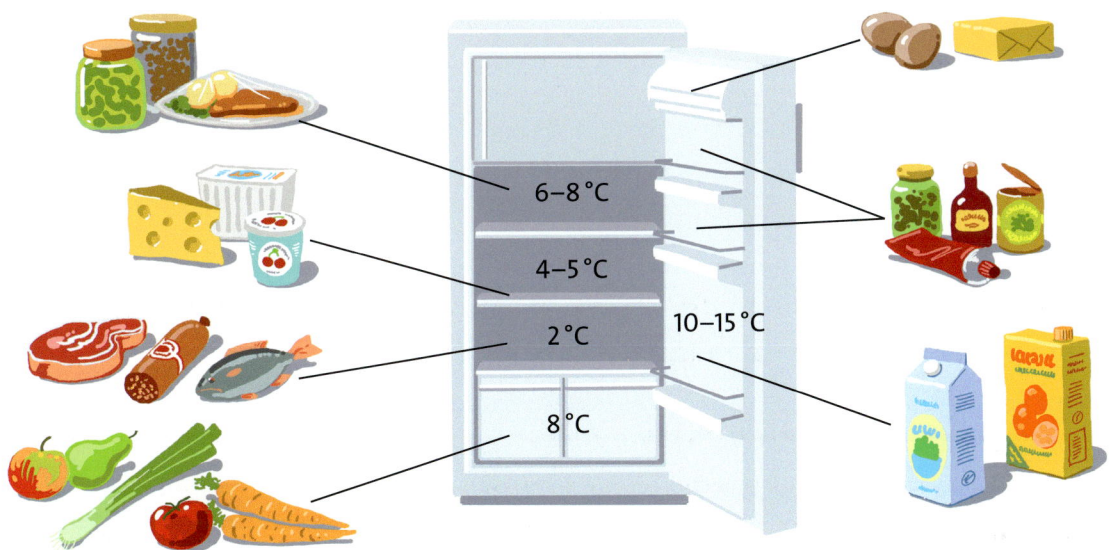

mittel wie Fleisch, Fisch und Wurst. Milchprodukte fühlen sich wohl bei 4–5 °C im mittleren Fach. Auch gut verpackte Essensreste in luftdichten Behältern gehören hierher.

In das oberste Kühlfach mit 8 °C kommen unempfindliche Lebensmittel, die nicht viel Kühlung benötigen, zum Beispiel geöffnete Gurkengläser und Konserven sowie Eingemachtes.

Die Temperatur in der Kühlschranktür beträgt 10–15 °C: Hier lagern ganz oben Butter und Eier, in der Mitte Konfitüren, Dressings, Ketchup, Dosen und Tuben und ganz unten Getränke wie Milch, Wasser und Säfte.

Obst und Gemüse in den Kühlschrank?

AUF JEDEN FALL

- Aprikosen, Birnen, Pfirsiche, Nektarinen, Kirschen, Erdbeeren, Heidelbeeren, Himbeeren, Stachelbeeren, Johannisbeeren, Weintrauben, Kiwis und Pflaumen

- Brokkoli, Blumenkohl, Karotten, Kohlrabi, Champignons, Mais, Lauch, Salat, Spinat, Radieschen, Rosenkohl, Spargel, Chinakohl und Erbsen

LIEBER NICHT

- Melonen, Mangos, Zitrusfrüchte, Papayas, Grapefruits, Ananas, Bananen und Äpfel

- Tomaten, Paprika, Zucchini, Gurken, Zwiebeln, Kartoffeln, Knoblauch und Auberginen

Die richtige Verpackung

- Frisches Fleisch, Geflügel und frischen Fisch möglichst unmittelbar nach dem Einkauf aus der Verpackung nehmen und in einer mit Klarsichtfolie verschlossenen Schüssel im untersten Kühlschrankfach aufbewahren.
- Vakuumverpackte Frischfleisch- und -fischprodukte können Sie direkt in den Kühlschrank räumen.
- Hartkäse bleibt entweder in der Originalverpackung oder wird in beschichtetes Papier eingewickelt, damit er sein Aroma behält.

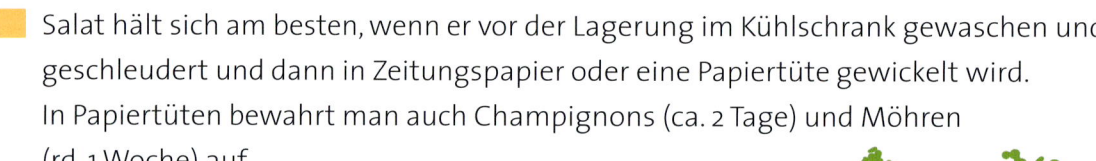

- Butter nimmt sehr leicht Gerüche anderer Lebensmittel an und sollte darum in der Originalverpackung bleiben oder in einer Butterdose aufbewahrt werden.
- Salat hält sich am besten, wenn er vor der Lagerung im Kühlschrank gewaschen und geschleudert und dann in Zeitungspapier oder eine Papiertüte gewickelt wird. In Papiertüten bewahrt man auch Champignons (ca. 2 Tage) und Möhren (rd. 1 Woche) auf.
- Gemüse lebt grundsätzlich länger, wenn man es nicht Plastik, sondern in Zeitungspapier im Kühlschrank lagert. Es bleibt außerdem frischer, wenn man den Boden des Gemüsefachs mit Küchenpapier auslegt.
- Empfindliches Beerenobst nimmt man am besten aus der Verpackung und lagert es in einer flachen Schale.

Profitipp !

Wenn Sie sich einen neuen Kühlschrank kaufen wollen, können Sie für zwei Haushaltsmitglieder mit einem Inhalt von 200 l kalkulieren. Für jede weitere Person rechnet man noch einmal 30 l dazu. Achten Sie außerdem darauf, dass die Fächergröße sich variieren lässt, damit Sie bei Bedarf auch große Töpfe oder Schüsseln im Kühlschrank unterbringen können.

Haltbarkeitsdauer im Kühlschrank – die wichtigsten Lebensmittel im Überblick

Blattgemüse (Salat, Spinat)	wenige Tage im Obst- und Gemüsefach
Steinobst (Kirschen, Nektarinen, Pflaumen)	wenige Tage im Obst- und Gemüsefach
Samengemüse (Erbsen)	wenige Tage im Obst- und Gemüsefach
Wurzelgemüse (Sellerie, Möhren, Kohlrabi)	8 Tage im Obst- und Gemüsefach
Beerenobst	2–3 Tage im Obst- und Gemüsefach
Fisch	nur wenige Stunden bei 0–4 °C
rohes Frischfleisch	1–4 Tage bei 0–4 °C
rohes Hackfleisch	max. 12 Stunden bei 0–4 °C
rohes Hähnchen	max. 5 Tage bei 0–4 °C
abgepackter Aufschnitt, ungeöffnet	Verbrauchsdatum beachten
abgepackter Aufschnitt, geöffnet	3–4 Tage bei 0–4 °C
Aufschnitt vom Metzger	3–4 Tage bei 0–4 °C
Salami und Schinken am Stück	bis zu 14 Tagen bei 0–4°C
pasteurisierte Milch, ungeöffnet	Mindesthaltbarkeitsdatum beachten
pasteurisierte Milch, geöffnet	1–3 Tage
H-Milch, ungeöffnet	Mindesthaltbarkeitsdatum beachten
H-Milch, geöffnet	2–3 Tage
Joghurt, Quark, Crème fraîche, ungeöffnet	Mindesthaltbarkeitsdatum beachten
Joghurt, Quark, Crème fraîche, geöffnet	3–4 Tage
Hartkäse, vakuumverpackt	6 Monate
Hartkäse, offen	Bis zu 3 Wochen
Weichkäse, ungeöffnet	Mindesthaltbarkeitsdatum beachten
Weichkäse, geöffnet	1 Woche
Butter, ungeöffnet	Mindesthaltbarkeitsdatum beachten
Butter, geöffnet	ca. 14 Tage

Eiskalt haltbar machen

Bei den eisigen Temperaturen im Tief-kühlgerät kommt jedes Bakterien-wachstum zum Stillstand, sodass Ihre eingefrorenen Vorräte spielend einige Monate überleben können. Leider aber verschwindet Eingefrorenes in dieser Zeit häufig in den finsteren Tiefen des Geräts und taucht unver-mutet erst dann wieder auf, wenn der Zahn der Kälte schon kräftig daran genagt hat und die Identität sich nicht mehr zweifelsfrei klären lässt. Dagegen helfen optimale Vorberei-tung und effiziente Organisation des Gefrierschranks.

DIE VORBEREITUNGEN Bevor Sie neue Produkte einfrieren, sollten Sie zunächst einmal eine kleine Inventur machen: Räumen Sie zusammen, was zusammengehört: Eintöpfe zu Eintöpfen, Gemüse zu Gemüse, rohes Fleisch zu rohem Fleisch, und das am besten in Körben, die man im Fachhandel auch nachkaufen kann. Was nicht mehr genießbar ist, kommt in den Müll.

Besonders Penible legen eine Liste an, auf der sie jeden Artikel in der vorhandenen Menge notieren. Alles, was in Zukunft in den Tiefkühler wandert, wird dort eingetragen, alles, was rausgenommen wird, ausgestrichen.

Besorgen Sie sich in jedem Fall reichlich Etiketten, um Ihr Gefriergut mit allen relevanten Informationen zu versehen, als da wären: Name des Produkts oder Gerichts, Menge oder Anzahl der Portionen und Einfrierdatum. Besonders praktisch zum Einfrieren von selbst gekochten Suppen, Soßen und Fleischgerichten sind übrigens eckige Behälter, da sie sich gut stapeln lassen, Gefrierbeutel leisten aber auch gute Dienste. Machen Sie es sich zur Gewohnheit, vor der wöchentlichen Menüplanung einen intensiven Blick in den Gefrierschrank zu werfen, sodass Sie nicht für teures Geld Dinge kaufen, die Sie längst schon haben.

GRUNDREGELN DES EINFRIERENS Frieren Sie grundsätzlich nur Lebensmittel ein, die in makellosem Zustand sind. Das Gefriergut muss wasser- und luftdicht verpackt sein, sonst gibt's den berühmten Gefrierbrand. Frieren Sie nicht zu große Portionen und immer nur abgekühlte Speisen ein: Je schneller das Gefriergut gefrostet wird, desto besser ist nach dem Auftauen seine Qualität. Sorgen Sie darum in der Einfrierphase für ausreichend Luftzirkulation. Sobald die Speisen gefroren sind, können Sie das Tiefkühlgerät wieder dichter bepacken. Anders als Kühlschränke funktionieren Gefriergeräte nämlich am besten, wenn sie richtig voll sind. Und noch einmal: Richtig etikettieren ist die Mutter aller Organisation.

3-Sterne-Fach

Die zur langfristigen Lagerung von Gefriergut notwendigen -18 °C erreichen ausschließlich Gefrierfächer und -schränke, die mit drei oder vier Sternen gekennzeichnet sind. In 1-Sterne-Fächern kann man die Lebensmittel bei ca. -6 °C etwa eine Woche aufbewahren, in 2-Sterne-Fächern bei rund -12 °C drei Wochen.

ORGANISATION DURCH ROTATION Verstauen Sie Neuzugänge in Ihrem Tiefkühlgerät immer in der zweiten Reihe, also hinter oder unter den Dingen, die schon länger dort lagern. So verhindern Sie, dass „Alteingesessene" sich in finstere Winkel verkriechen, und haben die Gerichte und Zutaten, die zuerst verbraucht werden sollten, immer sofort bei der Hand.

Haltbarkeitsdauer im Gefrierschrank bei -18 °C (Richtwerte)	
Obst	8–12 Monate
Gemüse	6–12 Monate
Brot	1–3 Monate
Fleisch	3–12 Monate
Käse	2–4 Monate

So geht's: Auf die Kälte vorbereiten

Vor dem Einfrieren steht das Waschen, Putzen bzw. Schälen und Zerkleinern der Lebensmittel an. Besonders Obst muss nach dem Waschen sorgfältig abgetrocknet werden, da sich sonst eine Eisschicht auf den Früchten bildet.

GEMÜSE Blanchieren Sie das geputzte Gemüse und geben Sie es anschließend in Eiswasser, um den Garvorgang zu stoppen.

OBST Am Stück eingefrorenes Obst wird leicht matschig. Sie können seine Lagerfähigkeit erheblich verbessern, wenn Sie es mit oder ohne Zucker pürieren. So werden außerdem Aroma und Farbe weniger beeinträchtigt.

KRÄUTER Waschen Sie die Kräuter erst gründlich. Danach gut abtrocknen und fein hacken. Wer will, kann die Kräuter auch mit etwas Wasser in einem Eiswürfelbehälter einfrieren. So eignen sie sich besonders gut zum Würzen von Suppen und Soßen.

FISCH Ganze Fische vor dem Einfrieren ausnehmen und waschen und eventuell Kopf und Schwanz entfernen.

FLEISCH Fleisch vom Knochen trennen und Fett entfernen.

GEFLÜGEL Aufgrund der Salmonellengefahr muss die Vorbereitung schnell gehen. Ganzes Huhn gegebenenfalls ausnehmen, waschen und einfrieren und nie länger bei Zimmertemperatur liegen lassen.

Tipp !

Solange eisige Kälte herrscht, sind die in den Lebensmitteln enthaltenen Bakterien handlungsunfähig, doch sobald es wärmer wird und die Speise auftaut, erwachen sie zu neuem Leben und vermehren sich bei Temperaturen über 5 °C in Windeseile. Darum ist es ratsam, Lebensmittel immer im Kühlschrank aufzutauen, sonst riskieren Sie eine Lebensmittelvergiftung.

Wunderkammer Vorratsschrank

Wenn Sie Sortierung und Pflege Ihres Vorratsschrankes ein Mindestmaß an Aufmerksamkeit schenken, werden Sie bald nicht mehr ohne ihn leben wollen.

STANDORT Wer eine kleine Speisekammer an oder in der Nähe der Küche hat, kann sich glücklich schätzen und dort reichlich Lebensmittel lagern. Aber auch im Küchenschrank oder einer großen, hohen Schublade lässt sich schon eine geordnete Vorratshaltung organisieren. Wichtig ist, dass die Lebensmittel kühl, trocken und lichtgeschützt lagern. Darum stellt man den Vorratsschrank auch am besten an einer kühlen Außenwand auf, und direkte Sonneneinstrahlung sollte man auch meiden. Als optimale Lagertemperatur gelten 10 °C, aber so lange es nicht deutlich wärmer wird als 20 °C, ist alles in Ordnung.

ORGANISATION Was das Anlegen der Vorräte angeht, so ist die Organisation bestechend einfach: Kaufen Sie alle Artikel des täglichen Bedarfs in zweifacher Ausführung – einmal für den direkten Gebrauch, einmal für den Vorratsschrank. Wenn das aktuell benutzte Paket Mehl zu Ende geht, bedienen Sie sich an Ihrer Reserve und setzen Mehl auf Ihren Einkaufszettel. Rücken Sie frisch gekaufte Produkte in die zweite Reihe und verbrauchen Sie ältere Vorräte zuerst. Überprüfen Sie außerdem regelmäßig die Mindesthaltbarkeitsdaten, damit auch wirklich nichts schlecht wird. Ähnliche Produkte sollten immer zusammenstehen. Füllen Sie lose Vorräte wie Nudeln, Reis, Hülsenfrüchte und Mehl in durch-

Tipp !

Reservieren Sie sich einen Teil Ihres Vorratsschrankes als Menüregal, wo Sie Produkte in Gruppen platzieren, die zusammen eine Mahlzeit ergeben: Nudeln, Pesto/fertige Tomatensoße, haltbarer geriebener Parmesan – oder eine Dose Linsensuppe und daneben die passenden Würstchen im Glas.

sichtige Kunststoffbehälter ab – das sorgt für Übersicht und hält Lebensmittelmotten fern. Informationen über Gar- und Einweichzeiten können Sie bei Bedarf aus der Originalverpackung ausschneiden und mit einem Klebestreifen am Deckel befestigen oder auf einem Klebeetikett notieren.

INNENEINRICHTUNG Räumen Sie schwere Produkte wie Konserven auf das unterste Regalbrett, Leichteres wie Getreideprodukte in die Mitte und die Fliegengewichte nach oben. Wer nur wenig Platz hat, kann den Raum mit verschiedenen Tricks maximal nutzen. Praktisch sind stapelbare Vorratsbehälter, mit denen man den Raum zwischen den Regalbrettern optimal ausfüllen kann. In einem Hängeregal in der Schranktür lassen sich Gewürze und andere kleine Päckchen gut aufbewahren. Alternativ leistet auch ein von innen an die Schranktür geschraubtes Hängegitter mit Haken und Gitterboxen gute Dienste.

Weiterhin kann man Platz gewinnen, indem man ein Mini-Podest im Regal improvisiert: Legen Sie ein kleines Brett rechts und links auf zwei gleich große, hohe Gläser, um Stauraum insbesondere für kleinere Behälter zu schaffen. Oder Sie stellen eine eine flache Holzkiste hochkant in den Küchenschrank.

KELLERKINDER Kernobst, Kartoffeln und Wurzelgemüse lagert man im großen Stil am besten im Keller ein, wo sie auch den ganzen Winter überstehen. Wichtig ist, dass der Raum gut belüftet, dunkel und kühl ist. Lagern Sie nur absolut einwandfreie Früchte ein und niemals Obst und Gemüse in einem Raum: Das Obst verströmt ein Reifegas, das die Haltbarkeit von Kartoffeln und Gemüse deutlich verkürzt.

Legen Sie die Früchte in mit Zeitungspapier ausgelegte Lattenkisten, sodass sie sich nicht berühren. Diese Kisten können Sie im Regal stapeln. Sorgen Sie für eine ausreichend hohe Luftfeuchte (90–95 %), indem Sie bei Bedarf Schüsseln mit Wasser im Lagerraum aufstellen.

Marmelade kochen

Sie können Lebensmittel natürlich auch auf ganz andere Weise konservieren:
Kochen Sie Marmelade!

Im Sommer gibt mehr köstliche Früchte, als man essen kann, und das zu günstigen Preisen. Was liegt da näher, als sie vor dem Verderben zu retten und im Glas haltbar zu machen? Marmelade ist schnell gekocht und in der selbst gemachten Version nicht nur ein echtes Highlight im Vorratsschrank, sondern auch ein perfektes Gastgeschenk für die nächste Essenseinladung bei Freunden.

DAS BRAUCHEN SIE

- 1,2 kg Obst, z.B. Erdbeeren
- unbeschädigte Schraubgläser mit Deckel, in ausreichender Menge
- 500 g Gelierzucker 2:1
- 1 Päckchen Zitronensäure (gibt's in jedem gut sortierten Supermarkt)
- 1 sauberes Küchenhandtuch
- 1 großen, hohen Topf

1 Gläser und Deckel sterilisieren: Gläser und Deckel in heißem Wasser mit Spülmittel abwaschen, anschließend sehr heiß ausspülen und umgedreht auf einem sauberen Küchenhandtuch abtropfen lassen. Sie müssen übrigens keine teuren Twist-Off-Gläser kaufen, sondern können alte Marmeladengläser wiederverwenden. Wichtig ist nur, dass Gläser und Deckel vollkommen unbeschädigt sind.

2 Die Erdbeeren abspülen, vorsichtig trocken tupfen, putzen und würfeln. Verwenden Sie für Ihre Marmelade nur absolut einwandfreie Früchte, sonst verdirbt sie leicht. Wiegen Sie genau 1 kg ab.

3 Nun Erdbeeren, Gelierzucker und Zitronensäure gut miteinander verrühren und zum Kochen bringen. (Die Zahlenangabe auf dem Gelierzucker gibt Auskunft über das Mischungsverhältnis von Früchten zu Zucker. Wer's lieber fruchtiger mag, kann auch 3:1-Gelierzucker benutzen.) Die Zitronensäure gibt man als Gelierhilfe zu, da Erdbeeren nur wenig Pektin enthalten, das ein natürliches Geliermittel ist. Als Faustregel kann man sich merken, dass süße, weiche Früchte wie Erdbeeren, Kirschen und Trauben pektinarm sind und darum eine Gelierhilfe brauchen, während festere, saure Früchte wie Quitten, Pflaumen, Stachelbeeren, Johannisbeeren und Zitrusfrüchte ausreichend Pektin enthalten.

4 Sobald die Masse kocht, noch weitere 3 Minuten unter Rühren sprudelnd kochen lassen, dann den Topf vom Herd nehmen.

5 Eventuellen Schaum mit einer Schaumkelle abnehmen. Dann Gelierprobe machen: Etwas Marmelade auf eine kalte Untertasse (aus dem Kühlschrank) geben und kurz abkühlen lassen. Wenn die Probe geliert, wird auch die Marmelade im Glas fest. Falls die Marmelade nicht fest wird, noch ein wenig weiterkochen und die Probe wiederholen.

Profitipp !

Um Ihre Marmelade zu verfeinern, können Sie die Zutatenliste noch um 5 Esslöffel Mandellikör erweitern. Oder Sie reduzieren die Erdbeermenge auf 950 g und geben nach 2 Minuten Kochzeit noch 30 g gehackte Mandeln dazu – allerdings verringert sich damit die Haltbarkeit des Brotaufstrichs.

6 Die sterilisierten Gläser auf ein nasses Küchenhandtuch stellen, damit sie beim Einfüllen der heißen Marmelade nicht zerspringen. Die heiße Marmelade mit einer Kelle randvoll in die Gläser füllen und sofort fest verschließen. (Vorher aber eventuelle Marmeladenkleckse am Glasrand sorgfältig abwischen: Sie verhindern, dass der Deckel luftdicht schließt!) Verschlossene Gläser stürzen und 5 Minuten auf den Deckeln ruhen lassen.

Fertig! Kühl und trocken gelagert, hält sich die Marmelade etwa ein Jahr.

Effizient kochen

Kurze Wege in der Küche

Wenn Sie nach dem Kochen ganz erledigt sind, läuft etwas falsch in Ihrer Küche – nämlich Sie. Oft liegt es an der Anordnung der Küchengeräte, -utensilien und Zutaten, dass die Arbeitsabläufe nicht reibungslos vonstattengehen. Nehmen Sie Ihre Küche nach den folgenden Gesichtspunkten unter die Lupe – vermutlich lässt sich Ihr Problem mit wenigen Handgriffen lösen.

KÜCHENGEOMETRIE Die optimale Formation für Spüle, Herd und Kühlschrank ist das „magische Dreieck". In dieser Anordnung, so hat die Erfahrung gezeigt, lassen sich alle Arbeitsabläufe in der Küche ohne unnötige Weg am besten bewältigen. Doch das ist der Idealzustand. Auch wenn es in Ihrer Küche anders aussieht, können Sie sich mithilfe verschiedener organisatorischer Maßnahmen das Leben leichter machen. Das Prinzip beruht auf der Einrichtung diverser Arbeitszentren in Ihrer Küche.

PUTZEN, WASCHEN, SCHNEIDEN Diese beim Kochen regelmäßig anfallenden Arbeiten erledigt man normalerweise neben der Spüle. Deponieren Sie darum Ihre Messer und Schneidbretter in diesem Bereich, etwa in einem Messerblock auf der Arbeitsfläche und im nächstliegenden Küchenschrank. Und da es im Umgang mit Lebensmitteln sinnvoll ist, sich häufiger die Hände zu waschen, sind ein Seifenspender neben der Spüle sowie die Küchenrolle hier auch gut aufgehoben. Wichtig ist auch der Mülleimer, in den die Küchenabfälle schon während der Arbeit entsorgt werden können.

KOCHEN, BRATEN, BACKEN Der Herd mit Backofen ist das Herzstück der Küche, und in seinem Umfeld sollten Sie nach Möglichkeit Ihre Töpfe und Pfannen sowie Kochlöffel, Pfannenwender und Co. aufbewahren, Letztere zum Beispiel in einem großen Krug neben dem Herd oder an einem Hängesystem. Platzieren Sie alle Gewürze, die Sie regelmäßig beim Kochen brauchen, ebenfalls in Herdnähe, jedoch nicht direkt darüber: Die Kochdünste bilden schnell einen fettigen Belag auf den Behältern, und außerdem kann es dort ziemlich heiß hergehen, was weder Ihren Armen noch den Gewürzen gefallen dürfte.

RÜHREN UND MISCHEN Da Sie für das Anrühren von Kuchenteigen, Salatsoßen, Dips und Marinaden weder auf Herd noch Spüle angewiesen sind, können Sie für diese Aktivitäten einen beliebigen Bereich mit Arbeitsfläche in der Küche wählen – allerdings sollte es zur nächsten Steckdose für Mixer und Küchenmaschine nicht weit sein.
Bewahren Sie Rührschüsseln, Waage, Messbecher und Backformen möglichst in Reichweite auf – entweder in Schränken und Schubladen oder an Haken an der Wand –, ebenso Mehl, Zucker und die weitere Backzutaten sowie Essig und Öl.

SAUBER MACHEN UND SPÜLEN Das wichtigste Gerät in diesem Bereich ist in den meisten Haushalten die Spülmaschine. Allein, so sehr sie geschätzt wird, so ungern wird sie ausgeräumt. Schuld daran ist nicht zuletzt der Parcours, den man in vielen Haushalten bewältigen muss, bis alles wieder an seinem Platz steht. Bringen Sie darum Besteck und häufig benutztes Geschirr möglichst in Spülmaschinennähe unter. In den Unterschrank der meist direkt benachbarten Spüle gehören Spülmaschinentabs sowie alle Utensilien, die Sie zum Putzen und Saubermachen in der Küche brauchen.

Geräte & Utensilien

Man kann so gut organisiert sein, wie man will – wenn das Arbeitsgerät nicht zuverlässig funktioniert, wird das Kochen zu einer mühseligen Angelegenheit. Schmeißen Sie alles raus, was kaputt ist, oder lassen Sie es reparieren. Verschenken Sie Küchengeräte, die Sie nie brauchen, und beschränken Sie sich aufs Wesentliche.

HERD Ob man lieber mit Gas oder Strom kocht, ist letztlich eine Glaubensfrage. Der Gasherd ist aufwendiger in der Reinigung als der Elektroherd, lässt sich aber exakter und unmittelbarer regulieren. Im Gegensatz zum Elektroherd verzeiht er auch Töpfe mit unregelmäßigem Boden, verkokelt aber schnell einmal die Topfgriffe. Sehr niedrige Temperaturen lassen sich nur schwer einstellen, und im Gasbackofen geht unter 140 °C normalerweise gar nichts. Induktionsherde verfügen im Gegensatz zu Elektroherden über eine sehr exakte Temperaturregulierung, und die Kochplatten erhitzen sich nicht. Sobald der Topf von der Platte genommen wird, schaltet das Feld automatisch ab, weil es ohne magnetischen Gegenpol nicht funktioniert. Das bedeutet aber auch, dass man sich bei der Entscheidung für einen Induktionsherd unter Umständen neues Kochgeschirr anschaffen muss: Für seine Kochfelder sind nur Töpfe aus magnetischen Materialien geeignet, mit Glas- und Keramiktöpfen bleibt die Küche kalt.

TÖPFE UND PFANNEN Im Prinzip braucht man nicht mehr als fünf Töpfe: einen großen Fleischtopf mit sechs bis acht Litern Fassungsvermögen, in den ein Suppenhuhn oder eine große Portion Spaghetti passt, zwei mittelgroße Töpfe mit zwei bis vier Litern Fassungsvermögen für Kartoffeln, Reis und Gemüse, einen kleinen Stieltopf für Soßen und einen Schmortopf für den Sonntagsbraten. Achten Sie beim Neukauf auf die Griffe: Angeschraubt ist stabiler als angelötet, Kunststoff schmilzt im Ofen, und Aluminium wird schnell heiß. Am besten sind Edelstahlgriffe. Und einen passenden Deckel sollte es auch zu jedem Topf geben.

Pfannen brauchen Sie eigentlich nur zwei: ein robustes Modell aus Edelstahl, das auch hohe Temperaturen verträgt (für Schmorgerichte, krosse Steaks oder knusprige Bratkartoffeln) sowie ein beschichtetes Exemplar für die Zubereitung von fettarmen Gemüsegerichten und Eierspeisen.

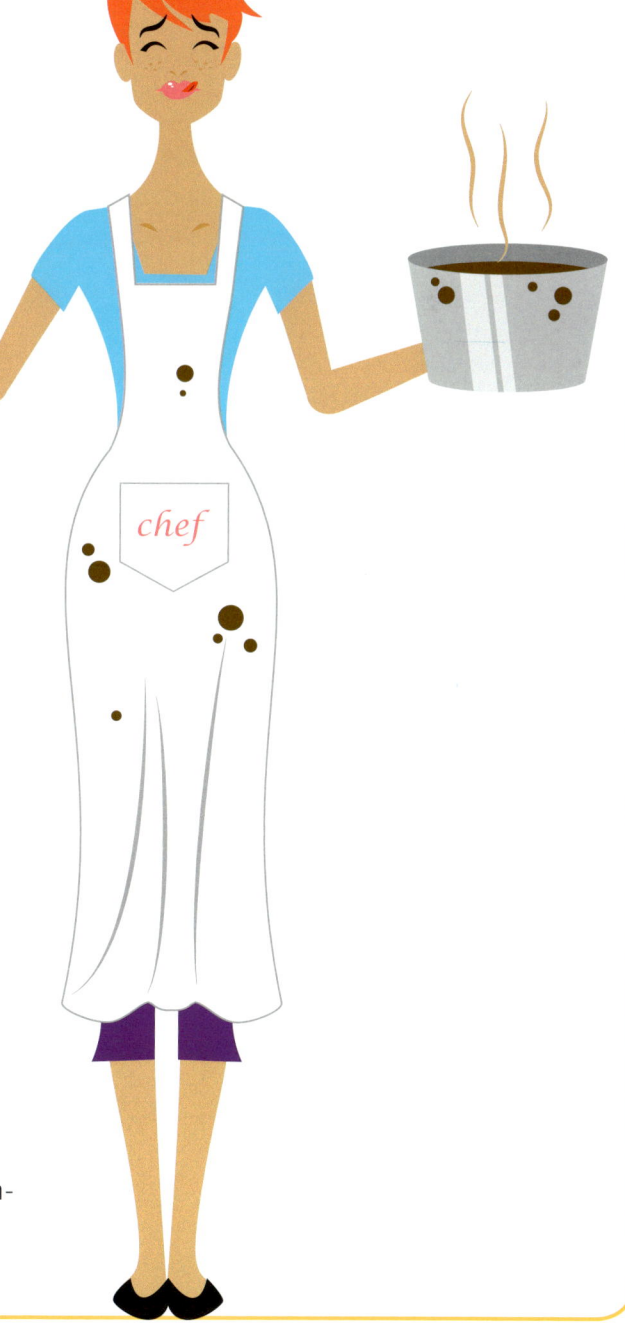

Tipp !

- [ ] Ob Ihre Töpfe für den Induktionsherd geeignet sind, erkennen Sie am Induktionszeichen unter dem Topfboden. Bei älterem Kochgeschirr können Sie den Magnettest machen: Wenn der Magnet am Topfboden hält, können Sie es auf dem Induktionsherd verwenden.

- [ ] Edelstahltöpfe sind salzempfindlich: Immer zuerst das Wasser und dann das Salz in den Topf geben.

- [ ] Wenn Sie mehrere Pfannen übereinander stapeln, legen Sie Küchenpapier dazwischen: Das schont die Antihaftbeschichtung.

- [ ] Zum schonenden Dampfgaren hängt man ein Metallsieb in einen Topf mit etwas kochendem Wasser, gibt das Gemüse in das Sieb und schließt den Deckel.

- [ ] Verkeilte Schüsseln lassen sich durch eine kleine Schocktherapie wieder trennen: Befüllen Sie die innere mit Eiswasser und stellen Sie die äußere in heißes Wasser. Durch die Kälte zieht die innere sich zusammen, und die äußere dehnt sich durch die Wärme aus.

MESSER Gönnen Sie sich den Luxus guter Messer. Mit den folgenden vier Modellen können Sie alles schneiden, hacken und sägen, was in den Kochtopf soll:

- 1 kleines Allzweckmesser (kurze Klinge, zum Schälen und Putzen von Gemüse)
- 1 Brotmesser
- 1 Kochmesser (rd. 20 cm lange Klinge, universell einsetzbar)
- 1 Filetiermesser (lange, schmale Klinge zum Filetieren von Fleisch und Fisch)

Achten Sie beim Kauf darauf, dass Klinge und Griff aus einem Stück geschmiedet sind – das verleiht dem Messer Stabilität. Und gehen Sie pfleglich mit Ihren Messern um: Schneiden Sie nur auf Holz- oder Kunststoffbrettern, härtere Unterlagen könnten die Klinge beschädigen. Am besten sind die guten Stücke im Messerblock aufgehoben, da sind sie immer griffbereit. In der Schublade brauchen sie einen geeigneten Klingenschutz.

MIKROWELLE Dieser Küchenhelfer lohnt sich vor allem, wenn das Kochen häufig schnell gehen muss und viele Mahlzeiten aus der Tiefkühltruhe oder Fertiggerichte auf den Tisch kommen. Wer das Gerät nur nutzt, um sein Kaffeewasser heißzumachen, sollte erwägen, sich von seiner Mikrowelle zu trennen – ihr Energieverbrauch und Platzbedarf sind ungleich höher als der eines Wasserkochers.

KÜCHENMASCHINE Die Anschaffung einer Küchenmaschine empfiehlt sich wirklich nur, wenn Sie häufig für viele Personen kochen und backen und in der Küche genügend Platz haben, um sie aufzustellen – eine Küchenmaschine, die im Schrank untergebracht ist, fristet dort erfahrungsgemäß ein tristes, tatenloses Dasein und verbraucht wertvollen Stauraum. Wenn Sie sich für den Kauf eines solchen Gerätes entscheiden, sollten Sie darauf achten, dass das Zubehör spülmaschinenfest ist, sonst verbringen Sie die eingesparte Zeit am Spülbecken. Für den normalen Hausgebrauch reicht eigentlich ein simpler Mixer mit diversen Aufsätzen zum Rühren, Kneten und Pürieren.

WEITERE GERÄTE UND UTENSILIEN Neben dem Handmixer kommen zur elektrischen Grundausstattung nur noch ein Wasserkocher und ein Mixer. Darüber hinaus braucht man Durchschlag und Sieb, ein Schüsselset für die Zubereitung von Teigen, Desserts, Salaten und Soßen, einen Messbecher, eine Küchenwaage und ein kleines Set Backformen sowie eine Teigrolle. Am Herd empfehlen sich hölzerne Kochlöffel und Pfannenwender, Schöpfkelle, Schneebesen und Topflappen. Wenn sich dann noch Sparschäler, Knoblauchpresse und Küchenschere dazugesellen, sind die Koch-Basics komplett.

Pannenhilfe

Beim Kochen, Backen und Braten kann natürlich jede Menge schief gehen, aber davon sollten Sie sich nicht einschüchtern lassen. Es gibt zahlreiche Tipps und Tricks, mit denen sich vermeintlich verunglückte Speisen oder nicht mehr ganz taufrische Lebensmittel noch retten lassen.

Wenn Ihnen der **Sonntagsbraten angebrannt** ist, muss die Küche nicht kalt bleiben: Legen Sie einige Minuten lang ein feucht-heißes Tuch auf die angebrannten Stellen. Danach können Sie die schwarzen Stellen problemlos abschneiden.

Klare **Suppen**, die zu viel Salz abbekommen haben, verlängert man entweder mit Wasser, oder man rührt ein Eiweiß in die Suppe und nimmt es wieder heraus, sobald es geronnen ist. Das Salz sollte jetzt im Eiweiß sein.

Gebundene **Suppen, Soßen und Eintöpfe** und Suppen mit Salzüberschuss rettet man, indem man rohe Kartoffeln hineinreibt und sie dann aufkochen lässt. Reicht das nicht, kann man noch einen Schuss Orangensaft oder einen Löffel Honig zugeben.

Ebenfalls ein probates Mittel bei **zu viel Salz** ist eine 1:1-Mischung aus Apfelessig und Zucker, die man teelöffelweise ins Kochgut gibt, bis das überschüssige Salz neutralisiert ist (also zwischendurch probieren).

Bei versalzenem **Salatdressing** hilft eine Prise Zucker, oder man schlägt nach und nach ein verquirltes Eigelb unter.

Versalzener **Rotkohl** wird wieder genießbar, wenn Sie einen geriebenen Apfel oder eine geriebene rohe Kartoffel untermischen.

Angebrannten **Kuchen** abkühlen lassen, dann das Verbrannte vorsichtig abkratzen, mit einer sehr weichen Glasur überziehen und trocknen lassen. Anschließend mit einer zweiten, festeren Glasur versehen.

Altes **Brot** wird wieder wie neu, wenn Sie es in ein feuchtes Tuch wickeln, einen Tag in den Kühlschrank legen und dann aufbacken. Oder man Sie legen es in ein Metallsieb über einen Topf mit kochendem Wasser und schließen den Deckel, bis das Brot warm ist.

Weich gewordenes **Knäckebrot** wird im Toaster oder Backofen wieder knusprig. Funktioniert auch bei Salzstangen (nicht im Toaster!).

Sie wollen backen, aber die **Butter** ist noch viel zu hart? Reiben Sie sie auf der Küchenraspel, dann können Sie gleich loslegen.

In den Geburtstagskuchen kommen vier **Eier**, Sie haben aber nur drei? Dann ersetzen sie das fehlende Ei durch einen Esslöffel Stärke und, falls vorhanden, einen kleinen Schuss Rum.

Ihnen fehlt zum Backen **Butter**, aber Sie haben noch reichlich Magerquark im Kühlschrank? Dann nehmen Sie den: Für einen Teil Butter braucht man die doppelte Menge Quark.

Vertrockneter **Biskuitkuchen** erlebt eine Wiedergeburt als köstliches Dessert, wenn man ihn in eine Schüssel krümelt, etwas Likör darübergibt und mit frischem Obst und Schlagsahne garniert.

Ist etwas zu viel **Knoblauch** ins Essen geraten, hängt man kleingezupfte Petersilienblätter in einem Tee-Ei in den Topf und kocht sie so lange mit, bis der gewünschte Geschmack erreicht ist.

Zusammengeklebte **Nudeln** lassen wieder voneinander, wenn man sie kurz über Wasserdampf oder in heißem Wasser erwärmt.

Wird die **Schlagsahne** nicht steif, ein Eiweiß dazugeben und kurz kaltstellen. Dann erneut aufschlagen. Wenn es trotzdem nicht klappt, einige Spritzer Zitronensaft zugeben.

Eigelb in den **Eischnee** geraten? Nicht schlimm: Mit ein paar Spritzern Zitrone wird er trotzdem steif.

Beim Kochen bleiben ganze **Eier** heil, wenn man etwas Essig ins Kochwasser gibt.

Kartoffeln lassen sich leichter pellen, wenn Sie dem Kochwasser einen Esslöffel Öl zugeben.

4-Gänge-Blitzmenü

Sonntagvormittag, Sie freuen sich Ihres Lebens und ahnen nicht Böses – und plötzlich stehen die Schwiegereltern/die Urlaubsbekanntschaft vom letzten Jahr/alte Freunde vor der Tür. Was Sie jetzt tun? Mit einem schnellen Essen gute Laune verbreiten:

 Fingerfood

Sie brauchen:
- Blätterteig aus der Kühltheke
- Bockwürstchen (oder was sich sonst im Kühlschrank findet, zur Not auch Scheibletten)
- Kräuter der Provence, Thymian, Rosmarin (fakultativ)

(eine Lage reicht) und Rolle in ca. 1 cm dicke Scheiben schneiden. Oder Sie schneiden kleine Quadrate zurecht, die Sie dann mit (Schafs-)Käse, Schinkenwürfeln o. Ä. füllen und zu einem Paket falten oder an den Ecken verzwirbeln. Wer hat und will, kann die Füllung noch mit Kräutern würzen. In den Backofen damit und für die angegebene Backzeit dort lassen (ab und zu mal einen Blick darauf werfen, sobald der Blätterteig goldbraun ist, herausnehmen). Fingerfood auf einem Teller anrichten und servieren.

 Erbsencremesüppchen

Sie brauchen:
- TK-Erbsen
- 1 Zwiebel
- Gemüsebrühe
- Öl, Salz, Pfeffer, Paprika
- Krabben und Crème fraîche oder Schafskäse, Balsamico-Essig

Blätterteig aus dem Kühlschrank nehmen. Backofen auf die angegebene Temperatur vorheizen. Währenddessen Blätterteig entrollen, etwas platt drücken und Würstchen einrollen

Zwiebel in Würfel schneiden und in etwas Öl andünsten, dann die TK-Erbsen dazugeben und mit Wasser angießen (Erbsen sollten rd. 1 cm mit Wasser bedeckt sein). Gemüsebrühe in passender Dosierung dazugeben und das Ganze 10 Minuten köcheln lassen (bis die Erbsen gar sind). Anschließend mit dem Pürierstab nicht zu fein pürieren. Falls die Suppe zu dick ist, Wasser zugeben und noch einmal aufkochen, dann mit Salz, Pfeffer und etwas Paprika abschmecken. Auf Tellern anrichten und entweder mit Krabben und Crème fraîche oder mit Schafskäse dekorieren, zum Schluss noch einige Tropfen Balsamico über die Suppe träufeln und servieren. Dazu geröstete Toastbrotdreiecke reichen.

3 Spaghetti mit Lachs und Mascarpone

Sie brauchen:
- Mascarpone (ca. 100 g pro Person, zur Not geht auch Crème fraîche)
- Räucherlachs-Würfel (ca. 100 g pro Person, im Notfall geht auch weniger)
- Basilikum (frisch oder tiefgekühlt)
- Knoblauch (1 Zehe pro Person)
- Spaghetti
- Parmesan

Salzwasser für die Nudeln aufsetzen. In der Zwischenzeit das Basilikum waschen und in feine Streifen schneiden. Wer kein Basilikum hat, kann auch Petersilie oder Dill nehmen (bei Dill auf den Knoblauch verzichten, stattdessen zum Schluss einen Spritzer Zitronensaft in die Soße geben). Knoblauch abziehen und fein hacken. Spaghetti ins kochende Wasser geben. Lachs in Streifen oder Würfel schneiden. Mascarpone in einem kleinen Topf zum Schmelzen bringen und Knoblauch und Lachs hinzufügen. 5 Minuten bei schwacher Hitze köcheln lassen. Nach Geschmack mit Salz und

Pfeffer würzen, dann das Basilikum/die Petersilie zugeben (Dill besser erst nach Ende der Kochzeit zufügen). 5 Minuten weiterkochen lassen. Spaghetti abgießen, die Mascarponesoße mit den Spaghetti vermischen, auf vorgewärmten Tellern (Backofen war ja noch vom Aperitif warm) anrichten, mit Parmesan bestreuen und servieren.

4 Fruchtcrumble mit Vanilleeis

Sie brauchen:
- Obst (frisch, tiefgefroren oder aus der Dose)
- Butter
- Zucker
- Mehl
- Auflaufform
- Eis (aus den eigenen Vorräten, der Eisdiele oder von der Tankstelle)

Das Obst sollte auf jeden Fall weich sein. Äpfel zum Beispiel in der Pfanne mit etwas Wasser und Zitronensaft oder Weißwein andünsten, bis sie weich sind, aber nicht zerfallen. Butter, Zucker und Mehl zu gleichen Teilen in eine Schüssel geben und zu Streuseln verarbeiten (evtl. etwas Müsli, gehackte Mandeln, gemahlene Haselnüsse oder zerbröselte Amaretti dazugeben). Obst in die leicht gebutterte Auflaufform geben (saures Beerenobst mit Zucker bestreuen), die Streusel darübergeben und bei 180 °C backen, bis die Streusel goldgelb sind. Zusammen mit dem Eis servieren.

Wäsche & Kleidung

Vorbereiten

Systematisch trennen

Nehmen Sie sich die Zeit, Ihre Kleidung vor dem Waschen sorgfältig zu sortieren und zu kontrollieren, sonst haben Sie die Arbeit hinterher und beschäftigen sich Stunden damit, Wäsche zu entfärben, Tempoflusen vom Lieblingsshirt zupfen oder Mini-Löcher zu stopfen, die ein Schlüssel/eine Brosche/eine Büroklammer in der Waschmaschine verursacht hat.

SCHMUTZWÄSCHE Damit Sie vor dem eigentlichen Waschen die Schmutzwäsche nicht erst langwierig und einzeln von Stühlen, Betten, Böden und anderen Zwischenablagen einsammeln müssen, stellen Sie überall dort Wäschekörbe auf, wo die Schmutzwäsche anfällt. In größeren Haushalten bedeutet das: ein Wäschekorb für jedes Schlafzimmer, eventuell auch für jedes Bad. An Waschtagen trägt dann jeder seine (sortierte) Wäsche selbst zur Waschmaschine.

RICHTIG SORTIEREN Die grundsätzliche Strategie für das Sortieren dürfte bekannt sein: Weiße Wäsche kommt bei 60 °C und 40 °C ohne farbige Begleiter in die Maschine, die Buntwäsche, unterteilt in hell und dunkel, wäscht man bei 30–40 °C, Feinwäsche dreht sich bei 30 °C in der Trommel. Doch damit nicht genug: Trennen Sie am besten auch Natur- und Synthetikfasern, denn synthetische Fasern nehmen leicht Farbe an, während gerade stark gefärbte Naturfasern ihrerseits Farbe abgeben.

Wer sicher sein will, dass wirklich nichts verfusselt, wäscht bekannte Fusselkandidaten wie Flanellstoffe und Frottee nicht zusammen mit fusselafinen Materialien wie Nylon und Mikrofaser. Auch Verschmutzungsgrad, Stoffdicke und Verarbeitung sind Sortierkriterien: Nietenbeschlagene, von der Gartenarbeit gezeichnete Jeans gehören nicht zusammen mit leicht verschmutzen Blusen in die Maschine: Wenn Sie Pech haben, setzt sich der Schmutz trotz Waschen in dem feinen Gewebe fest, und die Nieten und schweren Knöpfe der Jeans können zu Beschädigungen des zarter besaiteten Waschpartners führen.

Tipp

Bei farbigen Kleidungsstücken wird in den Pflegehinweisen häufig eine separate Wäsche empfohlen. Um festzustellen, wann diese Sonderbehandlung ein Ende haben kann, legen Sie einfach bei jedem Waschgang ein weißes Tuch mit in die Trommel. Es fängt eventuell auslaufende Farbe auf. Sobald es bei der Wäsche weiß bleibt, können Sie die Sachen getrost mit in die Buntwäsche geben.

Ob ein Wäschestück farbecht ist, können Sie auch feststellen, indem Sie eine Stoffstelle zwischen zwei weißen Tüchern dämpfen. Wenn sich die Farbe überträgt, ist getrennte Wäsche angesagt.

GUT KONTROLLIEREN Gewöhnen Sie sich an, die Wäsche sorgfältig zu durchzusehen, bevor Sie sie in die Waschmaschine stecken: Leeren Sie die Taschen, entfernen Sie vergessene Accessoires, schließen Sie Reißverschlüsse und Knöpfe. Halten Sie außerdem nach Flecken Ausschau, die der Vorbehandlung bedürfen – häufig ist es deutlich schwerer oder sogar unmöglich, sie nach dem Waschen herauszubekommen. Löcher und Risse stopft man ebenfalls vor dem Waschen, denn durch das Herumwirbeln in der Trommel werden sie leicht größer oder irreparabel. Nähen Sie auch locker sitzende Knöpfe vor dem Waschen an, sie könnten sonst verloren gehen.

FEINES SCHÜTZEN Damit man länger etwas von empfindlichen Wäschestücken wie feinen Blusen, Tüchern und Nylonstümpfen hat, steckt man diese für die Maschinenwäsche in einen Wäschesack oder einen – farblich passenden – Kopfkissenbezug. So ziehen sie keine Fäden. Zusätzlich sollten Sie empfindliche Kleidungsstücke bei niedriger Drehzahl schleudern.

EINWEICHEN Wäschestücke, die buchstäblich vor Dreck stehen, weicht man vor der Maschinenwäsche ordentlich ein, damit sie auch wirklich sauber werden. Achten Sie darauf, dass die Teile vollständig in der Lauge schwimmen, die Sie insbesondere bei Flecken auf Eiweißbasis wie Gras, Fett, Milch, Blut am besten mit einem enzymhaltigen Waschmittel anrühren. (Ausführliche Hinweise zur Entfernung der unterschiedlichsten Flecken finden Sie auf den nächsten Seiten.)

NICHT ÜBERLADEN Auch wenn sich ein Riesenberg Wäsche angesammelt hat, sollten Sie beim Beladen der Maschine nicht übertreiben. Wenn die Trommel vollständig gefüllt ist, kann sich die Wäsche kaum drehen und wird damit auch nicht richtig sauber, außerdem kann die Mechanik Schaden nehmen. Als Faustregel gilt, dass über der Wäsche noch eine großzügige Handbreit Luft ist. Beim Waschen von Wolle und empfindlichen Textilien Trommel nur bis zur Hälfte füllen.

EINSTELLUNGEN Auch wenn es am einfachsten ist, immer mit ein und demselben Programm zu waschen: Nutzen Sie die Einstellmöglichkeiten und die Programmvielfalt Ihrer Waschmaschine aus, das spart in vielen Fällen Wasser, Energie und damit Geld und schont die Umwelt. Bei nur leicht verschmutzter Wäsche, (z. B. getragene, aber nicht wirklich dreckige Kleidung) genügen niedrige Waschtemperaturen und ein Kurzwaschprogramm. Mehr als zwei Drittel der zum Waschen benötigten Energie geht für das Aufheizen des Wassers drauf, wählen Sie daher nur in Ausnahmefällen hohe Temperaturen. Die heutigen Waschmittel sind wirksam genug, um Ihre Wäsche auch bei 30–40 °C sauber zu kriegen.

Tipp

Nicht vorgewaschene Jeans färben übrigens beim Waschen nicht aus, wenn man sie vor dem Waschen eine halbe Stunde in einer Lösung aus vier Esslöffeln Essig und vier Litern Wasser einweicht. Und Buntes behält seine Farbe, wenn man es vor dem ersten Waschen in kaltem Salzwasser einweicht. Auf einen Eimer Wasser gibt man etwa eine Handvoll Salz.

Flecken entfernen

Zur Vorbereitung der Wäsche gehört in jedem Fall auch die Fleckentfernung. Landen bekleckerte Kleidungsstücke ohne Vorbehandlung in der Maschine, kann es passieren, dass die Flecken hinterher noch drin sind – und das unter Umständen für immer.

GOLDENE REGELN

- Handeln Sie rasch: Ein Fleck ist immer leichter zu entfernen, wenn er noch nicht eingetrocknet ist. Ist das rechte Behandlungsmittel kurzfristig nicht zur Hand, kann man den Trockenprozess durch Auflegen eines feuchten Tuches verzögern. Eingetrocknete Flecken werden mit Glyzerin für die Entfernung „wiederbelebt".

- Entfernen Sie möglichst viel von der Schmutzsubstanz, bevor Sie mit Wasser und Seife an den Fleck gehen.

- Lieber mit kaltem als mit heißem Wasser spülen: Durch Hitze werden viele Flecken im Gewebe fixiert.

- Nicht reiben, sondern tupfen. Durch Rubbeln wird der Fleck richtiggehend eingearbeitet.

- Reinigungssubstanz erst an unauffälliger Stelle testen.

- Von außen nach innen arbeiten, sonst wird der Fleck immer größer.

- Nicht die Geduld verlieren: Manchmal braucht es ein paar Behandlungsdurchgänge, bis der Fleck verschwunden ist.

Fettflecken bestreut man mit Roggen- oder Kartoffelmehl, wartet 15 Minuten und bürstet das Mehl dann aus. Oder man streicht einen Brei aus Kartoffelstärke und Wasser auf den Fettfleck, lässt ihn trocknen und bürstet ihn dann aus. Danach wie gewohnt waschen.

Aus **Wollsachen** entfernt man Fettflecken mit Mineralwasser. Geht der Fleck damit nicht ganz raus, vor dem Waschen mit Waschbenzin betupfen.

Frische Fettflecken auf Leder reibt man mit etwas geschlagenem Eiklar ab.

Butter- oder Margarineflecken beträufelt man mit Flüssigwaschmittel oder Spülmittel und wäscht sie anschließend aus.

Öl- und Teerflecken reibt man vor dem Waschen mit Butter oder Öl ein. Danach besprüht man den Bereich mit Terpentinöl und wäscht anschließend mit Wasser und Seife per Hand.

Grasflecken gehen am besten raus, wenn man sie vor der Wäsche kräftig mit Gallseife oder Spiritus einreibt. Bei empfindlichen Stoffen Flecken mit Butter oder Glyzerin einreiben und nach 15 Minuten mit Waschmittellauge auswaschen. Robuste Textilien wie Jeans kann man vor dem Waschen auch kräftig mit Schmierseife einreiben.

Eierflecken auf Textilien gehen mit feuchtem Salz oder Essigwasser raus. Arbeiten Sie immer mit kaltem Wasser, sonst wird das Eiweiß im Gewebe fixiert.

Mit dem Kaffee geschlabbert? Wenn Sie Ihren **Kaffee** schwarz trinken, ein Eigelb in eine kleine Wasserflasche geben, mit heißem Wasser auffüllen und kräftig schütteln. Dann den Fleck über den Flaschenhals legen und Flasche umdrehen. Danach wie üblich waschen. Milchkaffeetrinker waschen den Fleck erst mit kaltem Wasser aus, behandeln ihn dann mit Gallseife und waschen anschließend wie gewohnt.

Kleidungsstücke mit **Flecken von dunklen Beeren** wie Blau- oder Schwarzen Johannisbeeren legt man in saure Milch ein, spült sie anschließend mit Wasser aus und wäscht sie danach wie gewohnt. Man kann derartige Flecken sowie andere Obstflecken auch mit Zitronensaft behandeln. Danach sofort waschen.

Kirschsaftflecken gehen wieder raus, wenn man das Kleidungsstück in Waschmittellauge einweicht und dann so lange in Milch legt, bis die Flecken verschwunden sind.

Filzstiftflecken verschwinden bei der Wäsche, wenn man sie vorher mit Haarspray besprüht, das man 15 Minuten einwirken lässt.

Frische Blutflecken verschwinden im Normalfall, wenn man sie unter fließend kaltem Wasser auswäscht. Wenn das noch nicht reicht, löst man eine Handvoll Salz in einem Eimer Wasser auf und weicht das Kleidungsstück mindestens 15 Minuten lang darin ein, bevor man es mit einem enzymhaltigen Waschmittel wäscht.

Zum Entfernen von **Blutflecken** können Sie auch die blutverdünnende Kraft von Aspirin nutzen: Tablette in Wasser auflösen, das Ganze über den Fleck geben, einreiben, danach Textil wie gewohnt waschen.

Weiße Deoflecken auf Kleidung lassen sich leicht mit einer Feinstrumpfhose oder einem dunklen Strumpf abreiben.

Frische Schweißflecken entfernt man mit Branntweinessig und Wasser: Einen Esslöffel Essig auf einen viertel Liter warmes Wasser geben und Lösung mit einem Schwamm auftragen, danach mit klarem Wasser nachspülen und Kleidungsstück wie gewohnt waschen. Ältere Flecken betupft man mit Glyzerin, auf weißem Stoff alternativ auch mit Wasserstoffperoxid (gibt's in Apotheke oder Drogerie), lässt das Ganze fünf Minuten einwirken und wäscht die Textilien wie gewohnt.

Bügelflecken und leicht versengte Stellen verschwinden, wenn man sie mit etwas Essig leicht ausreibt.

Make-up auf dunklen Kleidungsstücken reibt man mit etwas Brot ab. Helle Textilien behandelt man mit Alkohol oder Spiritus und wäscht sie anschließend. Ist nichts von allem zur Hand, Fleck anfeuchten, mit Seife einreiben und ausspülen.

Lippenstiftflecken behandelt man mit Spiritus vor und reibt dann das, was vom Fleck übrig bleibt, mit Geschirrspülmittel oder Seife ein und wäscht das Ganze mit kaltem Wasser aus. Alte Flecken vorher mit Glyzerin aufweichen. Bei sehr hartnäckigen Spuren arbeitet man mit Salmiakgeist.

Waschen

Kleine Waschanleitung

Grundsätzlich liefern Ihnen die Pflegehinweise auf den Etiketten in der Kleidung alle wichtigen Informationen zu Waschfragen, doch gerade die schneidet man gern einmal raus, weil sie stören, kratzen oder auftragen, und in Secondhandsachen fehlt das kleine Zettelchen ebenfalls häufig. Bei solchen Problemfällen können Sie sich an den folgenden Hinweisen orientieren.

WASCHMITTELKUNDE Im Prinzip benötigen Sie nur drei Waschmittel: ein Vollwaschmittel für Weißes, am besten in Pulverform, ein Colorwaschmittel für alles Bunte und ein Feinwaschmittel für Wolle und Seide. Wie viel Sie davon für eine Wäsche brauchen, steht auf der Packung. Im Allgemeinen reicht aber auch eine geringere – oft deutlich geringere – Menge, vor allem, wenn

die Wäsche nicht besonders stark verschmutzt ist. Bei hartem Wasser können Sie etwas mehr Waschpulver verwenden oder zusätzlich Wasserenthärter hinzufügen. Die Dosierungen beziehen sich immer auf eine Trommelfüllung (dann ist oben in der Trommel nur noch eine Handbreit Platz). Ist die Waschmaschine nicht voll, braucht man entsprechend weniger. Am besten gibt man das Waschmittel in einem Säckchen oder einer Kugel direkt in die Trommel, dann hat man auch keinen Ärger mit verstopften Einspülkästen. Schütten Sie das Waschmittel nicht direkt auf die Wäsche: Unter Umständen verteilt es sich dann nicht richtig.

BAUMWOLLE Weiße Wäschestücke aus reiner Baumwolle vertragen Temperaturen bis zu 95 °C. Traditionell handelt es dabei meist um Bett- und Haushaltswäsche sowie Unterwäsche und Berufsbekleidung. Da eine Kochwäsche jedoch sehr viel Energie verbraucht und die Waschmittel heute deutlich leistungsfähiger als früher sind, reicht im Normalfall ein Waschgang bei 60 °C. Robuste farbige Baumwollsachen wie Bettwäsche und Handtücher halten dieser Temperatur ebenfalls stand. Oberbekleidung aus Baumwolle wird bei Temperaturen von 30 bis 40 °C sauber und kann im normalen Buntwaschprogramm gewaschen werden, sollte aber auf jeden Fall nach Hell und Dunkel sortiert werden. Baumwolle verträgt im Allgemeinen hohe Schleuderzahlen. Grundsätzlich kann man Baumwolle im Trockner trocknen, allerdings besteht je nach Verarbeitung Einlaufgefahr. Beim Bügeln verträgt das Material feuchte Hitze (Bügeleisenstufe 3 mit Dampf), sollte aber zur Sicherheit auf links gewendet werden.

LEINEN Weiße oder gebleichte Leinenbett- und Tischwäsche wandert bei 60 °C in die Waschmaschine, darf allerdings nicht stark geschleudert werden. Für gefärbte und ungebleichte Leinentextilien wählen Sie den Schonwaschgang bei 40 °C. Nach dem Waschen sollte man den Stoff strecken und auf jeden Fall auf der Leine trocknen, dabei jedoch direkte Sonneneinstrahlung meiden. Den Trockner verträgt Leinen gar nicht, und gebügelt wird es heiß und von links, am besten noch mit einem feuchten Tuch, da es sonst glänzt. Sehr empfindliche Kleidungstücke sollten Sie aber in die Reinigung geben.

SYNTHETIKFASERN UND GARDINEN Für farbige Textilien aus Chemiefasern wählt man am besten das Feinwasch- oder Pflegeleichtprogramm. Weißes und auch klassische Herrenoberhemden vertragen bis zu 60 °C°, Buntes 30–40 °C. Synthetische Textilien hängt man zum Trocknen tropfnass und sonnengeschützt auf. Besonders schwere Wäschestücke vorher in ein Frottierhandtuch rollen und etwas ausdrücken. Knitterfalten verschwinden bei Synthetikfasern meist schon beim Darüberstreichen. Hartnäckige Falten bügelt man mit geringer Hitze, unter einem feuchten Tuch geht auch Stufe 2.

Dessous waschen

Feinste Leibwäsche will sorgsam behandelt sein. Am schonendsten ist natürlich die Handwäsche mit Feinwaschmittel oder Shampoo in lauwarmem Wasser. Von festem Rubbeln ist auch abzuraten: Sanftes Drücken ist die Technik der Wahl.

Spitze ist sehr empfindlich und nur sollte darum nur durch die milde Lauge geschwenkt werden. Nach dem Waschen auf keinen Fall auswringen, sondern nur ausdrücken.

Seide verträgt keine hohen Temperaturen, also handwarmes Wasser benutzen. Nach dem Waschen in einem Handtuch vorsichtig die Feuchtigkeit herausdrücken und liegend trocknen. Der **Grau- oder Gelbschleier von weißer Wäsche** verschwindet wieder, wenn man sie mit einem Säckchen mit ungespritzten Zitronenschalen einweicht. Von scharfen Bleichmitteln ist abzuraten, sie machen das Gewebe brüchig.

Wer gar keine Lust auf Handwäsche hat, sollte die Dessous durch **Wäschesäckchen** oder spezielle **Waschkugeln** schützen – auch der Waschmaschine zuliebe: Wenn ein BH-Bügel sich selbstständig macht, kann er die Trommel blockieren.

Sportler waschen ihre **Funktionsunterwäsche** direkt nach den Training mit Shampoo oder Duschgel, anschließend gut auswaschen und trocknen. Dann gibt's keine unansehnlichen Schweißflecken.

MISCHGEWEBE Diese Textilien bestehen in der Regel aus Baumwolle und Polyester und damit einer sehr robusten Mischung (vor allem Berufsbekleidung). Man wäscht sie im Pflegeleichtprogramm bei 30–40 °C, Weißes auch bei 60 °C, und in den Trockner dürfen sie auch, allerdings nicht bei nicht zu hohen Temperaturen. Das richtige Programm finden Sie im Zweifelsfall in der Bedienungsanleitung Ihres Geräts. Gebügelt wird, falls überhaupt nötig, bei geringer Hitze. Unter einem feuchten Tuch sind auch höhere Temperaturen erlaubt. Es gibt jedoch auch empfindlichere Mischgewebe, etwa Kaschmir-Baumwoll-Mischungen. In diesen Fällen ist immer der empfindlichere Bestandteil maßgeblich für die Behandlung beim Waschen, Trocknen und Bügeln.

TEXTILIEN MIT ELASTHAN Sehr viele Kleidungsstücke enthalten heute Elasthanfasern wie Lycra oder Dorlastan. Mischungen mit synthetischen Fasern vertragen 40 °C, mit Elasthan verwebte Baumwolle auch 60 °C. Sind Seide oder Wolle mit Elasthan verarbeitet, darf die Waschtemperatur 30 °C nicht überschreiten – maßgeblich ist auch hier immer die empfindlichste Faser im Gewebe. Entsprechend ist auch das Waschprogramm zu wählen. Das gilt ebenfalls beim Trocknen und Bügeln.

SEIDE Wenn Sie sich nicht sicher sind, ob Ihre Seidenbluse waschmaschinenfest ist, sollten Sie sie lieber vorsichtig bei höchstens 30 °C mit einem Wollwaschmittel per Hand waschen. Seide darf man übrigens nicht einweichen. Fettflecken beträufelt man mit etwas Wollwaschmittel, das man kurz einwirken lässt, und wäscht das Kleidungsstück direkt im Anschluss. Waschmaschinenfeste Seidentextilien gehören in den Schonwaschgang bei 30 °C, geschleudert wird nicht (Spülstopptaste drücken). Seidene Kleidung am besten tropfnass aufhängen (sie trocknet ohnehin recht schnell) und auf keinen Fall in den Trockner stecken. Gebügelt wird Seide noch leicht feucht (maximal auf Stufe 1) von links.

WOLLE Hier gilt das Gleiche wie bei der Seide: Im Zweifelsfall lieber mit der Hand waschen, und zwar in lauwarmem Wasser (in kaltem Wasser kann Wolle einlaufen) mit einem Wollwaschmittel. Waschmaschinenfeste Wollsachen werden bei 30 °C mit dem Wollprogramm gewaschen und maximal 30 Sekunden angeschleudert. Danach rollt man das Kleidungsstück in ein Textiltuch und drückt das restliche Wasser sanft aus. Anschließend trocknen die Sachen flach ausgebreitet und in Form gebracht auf einem trockenen Frottiertuch (nicht in der Sonne oder im Trockner). Wenn nötig, kann man Wollsachen unter einem feuchten Tuch dämpfen.

WÄSCHESTÜCKE FÜR DIE REINIGUNG Wenn das Etikett mit den Pflegesymbolen fehlt, müssen Sie selbst abwägen, ob eine chemische Reinigung vonnöten ist, oder in der Reinigung nachfragen. Grundsätzlich aber können Sie davon ausgehen, dass Anzüge, Mäntel, (vor allem gefütterte) Wollröcke und -kleider sowie Abendgarderobe in die Reinigung gehören. Lassen Sie Ihre Kleidung so selten wie möglich reinigen, da die chemischen Verfahren die Fasern stark beanspruchen. Kostüme, Anzüge und sonstige Ensembles sollte man immer zusammen in die Reinigung bringen, da sonst Farbunterschiede zwischen den Teilen auftreten können. Weisen Sie auf Flecken und, falls bekannt, deren Ursprung hin, denn umso größer sind die Chancen, dass sie auch tatsächlich entfernt werden. Wichtig ist auch, dass Sie die Plastikhüllen direkt nach der Reinigung entfernen, damit die chemischen Dämpfe abziehen und der Stoff atmen kann.

Rund um die Waschmaschine

Bis zum Erreichen heutiger Sauberkeitsstandards war es ein langer und mühevoller Weg: Die erste elektrische Waschmaschine wurde erst um 1900 erfunden, bis dahin schrubbte, bürstete und schleuderte man mit reiner Muskelkraft. Inzwischen ist die Waschmaschine das am weitesten verbreitete Haushaltsgerät überhaupt – in über 95 % aller deutschen Haushalte steht eine.

BEDIENUNGSANLEITUNG KONSULTIEREN Bevor Sie mit dem Waschen loslegen, sollten Sie kurz die Bedienungsanleitung Ihrer Waschmaschine konsultieren. Dort finden Sie im Allgemeinen Informationen dazu, welches Waschprogramm für welche Materialien geeignet ist.

WASCHMASCHINENPFLEGE Widmen Sie sich ab und zu auch der Reinigung Ihrer Wasch-maschine: Nur in einer sauberen Waschmaschine wird Ihre Wäsche zuverlässig sauber. Gehäuse und Bedienblende wischt man regelmäßig mit einem feuchten Tuch ab. Dann und wann sollten Sie auch die Waschmittelschublade aus der Einspülschublade nehmen, um sie gründlich mit Wasser zu reinigen. Unterziehen Sie den Einspülbereich ebenfalls einer kritischen Inspektion und reinigen Sie die Düsen an der Oberseite der Einspülkammer mit einer Bürste. Haben Sie mit Rostablagerungen in der Trommel zu kämpfen, können Sie die mit einem Edelstahl-Putzmittel entfernen. Danach einen Wasch-gang ohne Wäsche durchführen, um die Putzmittelreste zu entfernen. Überhaupt freut sich die Maschine von Zeit zu Zeit über einen Leerlauf mit Natron- oder Essigbeigabe bei 60 °C, um Kalk und Waschmittelrückstände loszuwerden. Überprüfen Sie außerdem regelmäßig Einfülltür und Gummimanschette und wischen Sie sie mit einem feuchten Tuch ab. Nach dem Waschen sollten Sie die Einfülltür immer offen lassen, damit die Trommel trocknet, da sich sonst leicht Schimmel bilden kann.

Tipp !

- Den Härtegrad Ihres Wassers verrät Ihnen auf jeden Fall Ihr Wasserversorger, oft hilft auch das Internet weiter.

- Hinterlässt Ihr Waschpulver Spuren auf der Wäsche, machen Sie die Maschine unter Umständen zu voll. Manchmal hilft es auch, den Wasserfluss mit der „Wasserplus"-Taste zu erhöhen.

- Buntwäsche aus Naturfasern bringen Sie zum Strahlen, indem Sie einen Schuss Essig in den letzten Spülgang geben.

- Bei hartem Wasser (Härtegrad 3–4) immer eine Tasse Essig zur Wäsche geben, dann braucht man weniger Waschmittel und schützt seine Waschmaschine auch noch vor Verkalkung.

- Speckige Kragen vor dem Waschen mit Shampoo einreiben. Gegen vergilbte Kragen hilft eine Abreibung mit Kreide vor dem Waschen, nötigenfalls auch mehrmals. Alternativ kann man es auch mit einer Paste aus Essig und Natron versuchen, die farbige Stoff allerdings ausbleichen könnte.

Die Pflegesymbole

Waschsymbole

 Der Bottich bedeutet: Waschen in der Waschmaschine. Wenn nichts anderes drinsteht, bei 60 °C.

 Ist ein Balken unter dem Bottich, sind Pflege- oder Feinwaschgang angesagt, hier bei 40 °C.

 Der doppelte Balken bedeutet „besonders schonend waschen", also im Fein- oder Wollwaschgang, hier bei 30 °C.

 Man ahnt es: Die Hand im Bottich bedeutet Handwäsche, und das bei höchstens 40 °C, besser noch 30 °C.

 Mit diesem Symbol ausgezeichnete Textilien dürfen gar nicht in die Waschmaschine.

Für Schleudern gibt es kein Zeichen, aber die Waschzeichen bieten eine Orientierung: Bei doppeltem Balken schleudert man nur bei geringer Drehzahl, bei anempfohlener Handwäsche gar nicht.

Trocknersymbole

 Trocknen im Wäschetrockner

 Trocknen im Wäschetrockner bei niedriger Temperatur

 Trocknen im Wäschetrockner bei hoher Temperatur

 Nicht im Wäschetrockner trocknen

Symbole für natürliches Trocknen

 Liegend trocknen

 Trocknen auf der Leine

 Im Schatten trocknen

 Tropfnass trocknen

Bügelsymbole

 Lauwarm bügeln

 Warm bügeln

 Heiß bügeln

 Gar nicht bügeln

Bleichsymbole

 Bleichen erlaubt

 Bleichen nicht erlaubt

 Bleichen nur mit Sauerstoff

Ist ein Kleidungsstück mit dem Symbol „Bleichen nicht erlaubt" versehen, ist auch bei der Anwendung von Fleckensalz und Fleckentfernern Vorsicht geboten.

Reinigungssymbole

 Reinigung mit allen allgemein üblichen Lösungsmitteln

 Schonend reinigen (zwei Balken bedeuten „sehr schonend reinigen")

 Keine chemische Reinigung

Trocknen und bügeln

Klug getrocknet ist halb gebügelt

Für ein effizientes Waschmanagement ist ein Trockner Gold wert – nicht nur, dass der aufgestellte Wäscheständer nicht mehr Dauergast in der Wohnung ist, sondern vor allem Synthetik- und Baumwollmischgewebe müssen nach dem Trockengang häufig gar nicht mehr gebügelt werden. Aber das elektrische Trocknen hat auch Nachteile: Es verbraucht viel Energie und greift auf Dauer das Gewebe an. Wenn Sie Ihre Wäsche draußen aufhängen, schonen Sie Umwelt und Wäsche.

IM FREIEN Holen Sie die Wäsche so bald wie möglich nach Beendigung des Waschprogramms aus der Maschine, damit sie nicht unnötig verknittert, und schütteln Sie die Wäschestücke kräftig aus, bevor sie an die Leine kommen. An der Luft getrocknete Wäsche riecht herrlich frisch, und Sonnenlicht ist ein wunderbares natürliches Bleichmittel für Weißwäsche … und leider auch für Buntwäsche. Drehen Sie darum farbige Kleidung auf links, wenn Sie sie draußen aufhängen.

Auf der Leine trocknen Laken und Bettbezüge am schnellsten, wenn man sie der Länge nach gefaltet an zwei Ecken so festklammert, dass der Stoffbruch unten hängt. Dann klippst man die Vorderseite auf einem Drittel der Länge noch mal fest, die Rückseite auf Zwei-Drittel-Länge, sodass sich eine Tasche bildet und die Luft gut zirkulieren kann. Empfehlenswert ist es auch, die Wäscheleine regelmäßig mit einem feuchten Tuch abzuwischen, sonst gibt's auf den frischen Laken unschöne Schmutzstreifen.

IN DER WOHNUNG Auch wer in der Wohnung auf dem Wäscheständer trocknet, sollte die fertige Wäsche rasch aus der Maschine holen, ausschütteln und große Teile möglichst flächig ausbreiten, ohne dass sie auf dem Boden hängen. Bettwäsche braucht trotzdem oft lange zum Trocknen. Sie können den Vorgang beschleunigen, indem Sie einen Heizlüfter – natürlich nicht zu dicht und keinesfalls unbeaufsichtigt – danebenstellen. Kleider, Blusen und Hemden kommen zum Trocknen auf den Bügel. Solange sie noch tropfen, sind sie in der Dusche oder über der Badewanne gut aufgehoben. Sorgen Sie im Trockenzimmer für ausreichend Belüftung, damit die Wäsche schneller trocknet und feuchte Wände und Schimmel keine Chance haben. Darum ist es auch empfehlenswert, an sonnigen Tagen zu waschen, an denen Sie die Fenster weit öffnen können, statt an feuchten Regentagen.

IM TROCKNER Beachten Sie die Trockensymbole in den Kleidungsstücken, und stopfen Sie die Wäsche nicht als Knäuel in den Trockner, sondern schütteln Sie jedes einzelne Stück vor dem Einlegen kräftig aus. Das verkürzt die Trockenzeit. Achten Sie außerdem darauf, das Gerät nicht zu überladen, damit die Wäschestücke frei herumwirbeln können und nicht verknittern. Gewöhnen Sie sich an, den Trockner sofort nach Auflauf des Programms zu leeren und die Wäsche trocknerwarm zusammenzulegen, denn vieles muss dann gar nicht gebügelt werden. Sobald die Wäsche aber abgekühlt aufeinanderliegt und zusammenfällt, gibt's Falten. Und vergessen Sie nicht, regelmäßig den Flusenfilter zu reinigen, sonst zirkuliert die Luft nicht mehr richtig und der Trockner braucht länger und überhitzt.

Tipp

- [ ] Anoraks und andere schwere Wäschestücke kann man prima auf zwei Bügeln trocknen. Dazu einen Bügel möglichst weit in den einen, den anderen in den zweiten Ärmel stecken.

- [ ] Platz an Wäscheleine und Wäscheständer spart man, wenn man Socken paarweise an einem Drahtbügel aufhängt, der dann an die Leine kommt.

- [ ] Wäsche wird im Trockner schneller trocken, wenn man zu den nassen Sachen ein trockenes Handtuch in die Trommel gibt, das die entstehenden Wassertröpfchen aufnimmt.

- [ ] Pullis leiern beim Trocknen nicht aus, wenn man eine alte Strumpfhose durch die Ärmel zieht, an der man dann die Wäscheklammern zum Aufhängen befestigt.

Schön (wenig) bügeln

Die Abarbeitung des in vielen Haushalten nicht schwinden wollenden Bügelbergs ist eine leidige Aufgabe, da beißt die Maus keinen Faden ab. Doch es gibt ein paar Strategien, den Berg auch ohne Bügeln signifikant zu verkleinern und den verbleibenden Hügel leichter zu bewältigen.

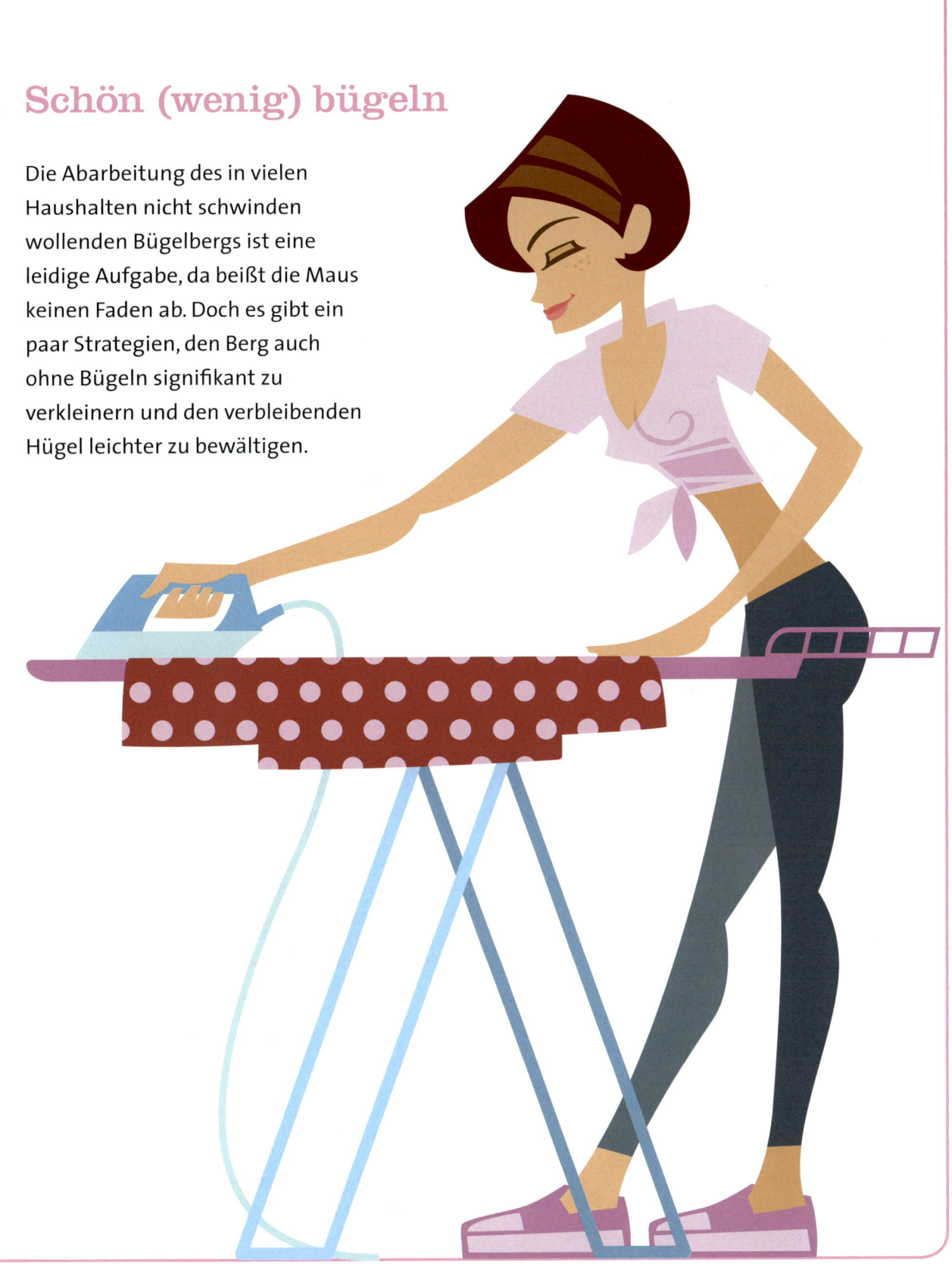

BÜGELPRÄVENTION Die wichtigste Regel lautet: Augen auf beim Rüschenkauf. Überlegen Sie zweimal, ob Sie wirklich eine Bluse mit zahllosen Biesen, Volants, Knöpfchen und Spitzeneinsätzen brauchen. Vermutlich wird sie ohnehin nach einmaligem Tragen auf Nimmerwiedersehen im Bügelberg verschwinden. Bügelmuffel setzen auf pflegeleichte, schlichte Eleganz und trocknen Röcke und Kleider auf dem Bügel – vieles muss dann gar nicht mehr unters Eisen, und kleinere Falten verschwinden, wenn Sie die Wäschestücke im Bad aufhängen, wo die Feuchtigkeit als natürlicher Glattmacher wirkt. Leichte Shirts verlieren kleine Knitterfalten beim Tragen durch die Körperwärme, und Handtücher streicht man glatt und legt sie ordentlich in den Schrank, Bettwäsche ebenfalls – oder man lässt sie mangeln.

Und Jeans sehen gebügelt sowieso bescheiden aus. Außerdem kommen viele Kleidungsstücke so gut wie gebügelt aus dem Trockner, zumindest, wenn Sie sie nach Programmende sofort herausnehmen, ausschütteln und zusammenlegen oder aufhängen. Und Gardinen kann man auch verknittert aufhängen: Einfach Wasser draufsprühen, dann werden sie durch ihr Eigengewicht von allein glatt.

BÜGELFEHLER Damit Sie mit den ganzen Bügelmühen keinen Schaden anrichten, sollten Sie die folgenden Regeln beachten: Führen Sie das Bügeleisen immer in Richtung des Fadenlaufs, kreuz- und querbügeln dehnt und verzieht das Gewebe. Ebenfalls abzuraten ist vom schnellen Aufbügeln getragener Kleidung: Die Bügelhitze brennt Flecken und Schweißrückstände förmlich in das Gewebe ein, sodass man sie hinterher nicht mehr rausbekommt. Reißverschlüsse und Knöpfe immer schön umbügeln, das Metall könnte die Bügelsohle verkratzen, Knöpfe unter der Hitze schmelzen.

Generell wichtig: Drücken Sie nicht zu fest. Das plättet die Fasern, und verstärkte Stellen wie Taschennähte zeichnen sich unschön ab. Ein Bügeltuch verhindert, dass empfindliche Fasern wie zum Beispiel Wolle nach dem Bügeln glänzen. Da frisch gebügelte Wäsche sehr leicht knittert und das einige Stunden lang, sollten Sie nach dem Bügeln jedes Kleidungsstück aufhängen oder zusammenlegen – und nicht über den Stuhl hängen.

BÜGELTRICKS Sollten Sie sich allen Empfehlungen zum Trotz doch zum Bügeln der Bettwäsche entschieden haben, geht das am schnellsten, wenn Sie große Teile erst falten und auf einer Seite bügeln, dann noch mal einschlagen und die anderen beiden Seiten bügeln. Faltenröcke bleiben beim Bügeln in Form, wenn man sie am Saum mit Haarklemmen sichert. Bis an die Klemmen heranbügeln und erst zum Schluss entfernen, um den Saum zu bügeln. Stickereien bügelt man von links. Dabei legt man ein Handtuch unter, damit die Stickerei nicht flach gedrückt wird. Gleiches gilt für Paillettenbesätze. Gefütterte Kleidungsstücke dreht man zuerst auf links und bügelt das Futter, dreht sie wieder auf rechts und bügelt (nur da wo's nötig ist) den Außenstoff.

Bügeln ohne Bügeleisen

In jedem durchschnittlichen Haushalt dürfte heutzutage ein Bügeleisen vorhanden sein, doch das nimmt man schwerlich mit auf Reisen, dafür aber öfter mal zerknitterte Kleider. Dagegen helfen folgende Tricks:

- Prävention: Probieren Sie's mal mit Rollen statt Falten. Kleidung ganz flach ausbreiten, die Stücke aufeinanderlegen, eng aufrollen und in den Koffer legen. Sie werden bei der Ankunft staunen.

- Hängen Sie verknitterte Kleidung ins mithilfe von heißem Dusch- oder Badewasser kräftig eingenebelte Bad: Der Dampf strafft die Fasern wieder.

- Für die Föhnmethode befeuchten Sie den Knitterkandidaten großflächig und föhnen ihn dann trocken: Kleine Falten werden im wahrsten Sinne des Wortes von allein weggeblasen, große beim Föhnen mit der Hand glatt gestrichen.

- Oder probieren Sie's mal mit dem improvisierten Kochtopfbügeleisen: Heißes Wasser in einen Topf mit selbstverständlich makellos sauberem Boden füllen und damit vorsichtig über das Kleidungsstück fahren. Funktioniert am besten mit Emailletöpfen.

- Im Schlaf bügeln: Wäschestück unter die Matratze legen, ins Bett kriechen und schlummern. Über Nacht werden die Kleider durch die Körperwärme geplättet. Bundfalten feuchtet man vorher mit einem feuchten Handtuch an.

BÜGELHILFEN

■ Weichspüler im letzten Spülgang erleichtert zwar das Bügeln, belastet aber die Umwelt, darum sollte man trotz aller Bequemlichkeit darauf verzichten. Viel Arbeit können Sie sich ersparen, wenn Sie auch Bügelwäsche nach dem Trocknen ordentlich zusammenlegen, statt sie wild zu stapeln. Dadurch entstehen nämlich zusätzliche Falten.

■ Das Bügelbrett stellt man auf Hüfthöhe ein. Beginnen Sie Ihre Bügelpartie mit Stücken, die bei niedrigen Temperaturen geglättet werden müssen, und arbeiten Sie zu den höheren Temperaturen vor. Dann muss man zwischendurch nämlich nicht warten, bis das Bügeleisen sich abgekühlt hat. Halten Sie sich bei der Temperaturwahl an die Pflegehinweise, dann geht das Bügeln erfahrungsgemäß am leichtesten.

■ Baumwolle und Leinen werden makellos, wenn man sie in feuchtem Zustand bügelt, darum entweder bügelfeucht von der Leine oder aus dem Trockner nehmen oder vor dem Bügeln befeuchten.

■ Mit einem sauberen Bügeleisen bügelt's sich ebenfalls leichter. Unbeschichtete Bügelsohlen reinigt man mit Zahnpasta und einem weichen Tuch, hartnäckige Flecken bearbeitet man mit feinster Stahlwolle. Kunststoffbeschichtete Bügeleisen rutschen wieder, wenn man sie mit einem mit warmer Waschmittellauge oder Spiritus getränkten Schwamm säubert.

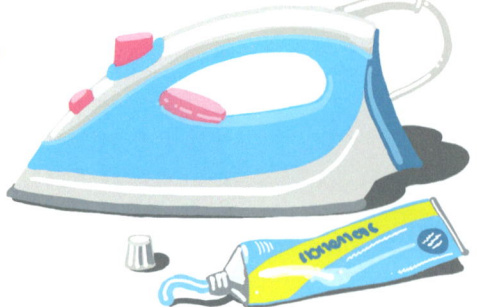

■ Generell lassen sich absolut trockene Textilien wesentlich schwerer bügeln. Nehmen Sie die Bügelwäsche daher am besten noch ganz leicht feucht von der Leine – natürlich nur, wenn Sie sie direkt danach bügeln. Oder benutzen Sie ein Dampfbügeleisen, dabei übernimmt der Dampf die Befeuchtung.

■ Sie können die Bügelwäsche auch leicht mit Wasser besprühen. Wenn Sie warmes Wasser verwenden, geht's noch schneller.

So geht's: Hemden bügeln

Zugegeben, Hemden bügeln ist ein bisschen mühsam. Aber wenn man in der richtigen Reihenfolge vorgeht, nur noch halb so schlimm.

1 Damit das Bügeln wirklich gut klappt, sollte das Hemd bügelfeucht sein. Zuerst bügelt man die Kragenunterseite. Dabei hängt das Rückenteil nach vorn herunter.

2 Im Anschluss die Passe von rechts bügeln. Das geht leichter, wenn man sie über die Spitze des Bügelbretts zieht.

3 Nun die Manschette des rechten Ärmels erst von innen bügeln (dabei Über- und Untertritt des Schlitzverschlusses nicht vergessen), dann von außen.

4 Rückseite des rechten Ärmels so hochlegen, dass die Ärmelnaht parallel zur Bügelbrettkante liegt. Von der Manschette aus entlang der Ärmelnaht bis zur Schulternaht bügeln und von der Schulter zur Manschette in die Kräuselfalten hinein. Ebenso verfahren Sie mit der Vorderseite des rechten Ärmels. Dann das Hemd umdrehen und den linken Ärmel genauso bügeln. Wer rundgebügelte Ärmel vorzieht, arbeitet bei diesem Schritt mit einem Ärmelbügeleisen.

5 Im nächsten Schritt bügelt man die Innenseite der Knopflochleiste, die Kragenoberseite und die Innenseite der Knopfleiste. Eventuelle Taschen werden ebenfalls von innen gebügelt.

6 Nun das Hemd so wenden, dass Sie die Vorderseite von rechts bügeln können. Knöpfe vorsichtig mit der Bügeleisenspitze umfahren. Gebügeltes Vorderteil nach hinten über die Bügelbrettkante schieben, Rückenteil und anschließend linkes Vorderteil bügeln.

7 Hemd auf einen Bügel hängen, obersten Knopf schließen und auslüften lassen.

Genauso bügelt man auch Blusen, allerdings die Ärmel üblicherweise ohne Kniff.

Pflegen

Lebensverlängernde Maßnahmen

Richtiges Waschen, Trocknen und Bügeln erleichtert Ihrer Kleidung das Leben schon sehr. Wenn Sie darüber hinaus noch ein paar Regeln zur Pflege und Aufbewahrung beachten, werden Sie zukünftig länger Freude an Ihren Lieblingskleidern haben.

GRUNDPFLEGE Je sorgfältiger Sie Ihre Kleidung und Wäsche pflegen, desto länger haben Sie etwas davon: Staub und Schuppen lassen Kleidung nicht nur unschön aussehen, sondern setzen sich in den Fasern fest und beschädigen sie auf Dauer durch Reibung. Gehen Sie darum regelmäßig mit Bürste oder Fusselrolle über Ihre Sachen. Kleidungsstücke, die nach dem Tragen nicht in die Waschmaschine, sondern zurück in den Schrank wandern, sollten vorher unbedingt eine Nacht gelüftet werden, am besten im Freien. So hängen sich Falten aus, und Feuchtigkeit und Gerüche verfliegen. Vorsicht ist auch im Umgang mit Deos, Cremes, Parfüms geboten: Sie enthalten chemische Stoffe, die die Fasern angreifen. Lassen Sie Pflegeprodukte und Düfte darum immer einwirken bzw. antrocknen, bevor Sie in Ihre Kleider steigen.

Flecken rückt man am besten sofort zu Leibe. Sie dringen mit der Zeit immer tiefer ins Gewebe und lassen sich schlimmstenfalls gar nicht mehr entfernen. Kleine Schäden wie Risse und geplatzte Nähte sollte man ebenfalls so schnell wie möglich ausbessern, damit sie nicht schlimmer werden.

SCHRANKREGELN Räumen Sie nur Kleidung in den Schrank, die sofort wieder anzieh-bereit ist. Nichts ist lästiger, als sich morgens in aller Hektik dreimal umzuziehen, weil hier ein Knopf fehlt, da ein Saum zipfelt oder dort ein Fleck ist. Gönnen Sie Ihren Kleidern passende Bügel. Drahtbügel aus der Reinigung sind nicht für den dauerhaften Gebrauch geeignet: Die spitzen Drahtenden können die Fasern insbesondere feiner Gewebe beschädigen, und unter dem Gewicht schwerer Jacken und Mäntel verbiegen sich die dünnen Bügel und verformen den Schulterbereich. Jacken, Mäntel und Sakkos gehören auf stabile, breite Bügel, am besten aus Holz, Blusen auf schmalere Modelle. Hosen hängt man am

Tipp !

- Lange Kleider liegen im Kleiderschrank nicht mehr auf dem Boden auf, wenn Sie an der Innenseite auf Hüfthöhe kleine Laschen anbringen und das Kleid auf links gezogen auf einen Rockbügel hängen.

- Auch Kleider brauchen Ruhe: Tragen Sie sie möglichst nicht an zwei aufeinanderfolgenden Tagen, sondern geben Sie ihnen Zeit zu lüften. Das Gleiche gilt für Schuhe.

- T-Shirts, Tops oder Trägerhemdchen rutschen nicht mehr vom Bügel, wenn Sie die Enden des Bügels mit Gummibändern umwickeln.

- Schwere Kleidungsstücke, wie zum Beispiel Strickjacken, sollten nicht auf dem Bügel hängend, sondern liegend aufbewahrt werden, da sie sonst ausleiern können.

- Rockfalten lassen sich auch bei längerer Aufbewahrung auf dem Bügel erhalten, wenn sie mit Wäscheklammern fixiert werden.

- Waschmittelrückstände auf Kleidungsstücken lassen sich mit einem angefeuchteten Handtuch entfernen.

Bund oder am Saum gerade mit einem Hosenbügel auf, Röcke auf einem Rockbügel am Bund – und das nicht in einem vollgestopften Schrank. In drangvoller Enge knittern die Sachen und können nicht richtig atmen.

SAISONWECHSEL Schicken Sie immer nur gewaschene bzw. gereinigte Kleidung ins Sommer- oder Winterlager, denn Staub und Schweißgeruch haben eine magische Anziehungskraft auf Kleidermotten. Und wenn die lästigen Schädlinge Ihnen etwas von Ihren Sachen übrig lassen, droht ein unangenehmer, muffiger Geruch in der ganzen Garderobe, den Sie unter Umständen nie wieder loswerden. Aber auch wenn alles sauber ist, sollten Sie Ihre Kleidung auf jeden Fall mit einem geeigneten Mottenschutz wie Lavendelsäcken, Zedernholzstückchen oder Mottenpapier verpacken. Vermeiden Sie bei längerer Aufbewahrung von Kleidung zu viele Faltstellen. Der Stoff kann sonst an den Faltkanten brüchig werden oder ausbleichen. Falten Sie die Kleidungsstücke also nicht zu klein zusammen oder falten Sie an den Nähten. Sehr dünne Textilien bewahren Sie am besten gerollt auf. Außerdem müssen die Sachen absolut trocken sein und ebenso trocken gelagert werden, sonst drohen Schimmel- und Pilzbefall.

ZEITNAH AUSBESSERN Kümmern Sie sich rechtzeitig um kleine Schäden an Ihrer Kleidung: Nähen Sie den losen Knopf fest, bevor er abfällt und auf Nimmerwiedersehen verschwindet, stopfen Sie das Mini-Loch in ihrem Lieblingsshirt, bevor es sich zu einem unflickbaren Riss vergrößert hat, nähen sie die offene Naht zu, solange dies noch mit ein paar Stichen getan ist usw. (Tipps zum Beheben kleiner Schäden an der Kleidung finden Sie auf den nächsten Seiten.)

Qualitätscheck

Achten Sie schon beim Einkauf darauf, dass die Textilien von guter Qualität sind: Umso unaufwendiger ist nachher die Pflege.

- **Materialcheck:** Hochwertige Kleidung enthält eher Naturfasern und lässt sich unkompliziert waschen oder reinigen. Lesen die also die Etiketten.

- **Prüfung des Gesamteindrucks:** Die Nähte müssen gerade sein, und das Kleidungsstück sollte nicht schon beim Kauf verzogen sein (wer hat sich nicht schon über Jeansnähte geärgert, die schräg übers Bein verlaufen …).

- **Testen der Schließmechanismen:** Reißverschlüsse sollten einwandfrei funktionieren, Knopflöcher nicht ausgebeult sein.

- **Saumkontrolle:** Säume dürfen nicht auftragen. Wenn sie verzogen sind, ist der Stoff schlecht geschnitten.

Kleine Schäden beheben

Oft ist es nur eine Kleinigkeit, die ein Kleidungsstück aus dem Stylingkreislauf aus-
scheiden lässt und zu einem Dasein ganz unten im Wäschekorb verdammt. Dabei
braucht es manchmal nur ein paar kleine Handgriffe, um es wieder zu neuem Leben
zu erwecken.

KNÖPFE Häufig genug hängen Knöpfe schon reichlich lose an gerade gekauften
Kleidungsstücken. Und die muss man dann selbst annähen. Damit sie auch halten,
am besten so: Zuerst den Knopf mit einigen losen Stichen fixieren, dann durch die Stiche
ein Streichholz oder einen Zahnstocher zwischen Knopf und
Stoff schieben und den Knopf mit einigen festen Stichen
annähen. Anschließend Streichholz entfernen, den Faden
einige Male um die lockeren Fäden zwischen Knopf und Stoff
wickeln, auf der Rückseite vernähen, verknoten und abschneiden. So verhindert man, dass der Knopf zu eng am Stoff sitzt und
man Jacke oder Hemd nur noch mit Gewalt schließen kann.
Exemplare mit vier Löchern näht am besten in zwei Durchgängen
mit getrennten Fäden pro Lochpaar an: Wenn ein Faden sich löst,
übernimmt der andere die ganze Arbeit. Übrigens werden Knöpfe nicht so schnell locker,
wenn man die Fäden mit klarem Nagellack bestreicht, und ein besonders haltbarer Zwirn
zum Knopfannähen ist Zahnseide.

REISSVERSCHLÜSSE Ist wohl jedem schon passiert: Reißverschluss hochgezogen, Zipper
aus der Bahn gesprungen, für viel Geld neuen Reißverschluss einnähen lassen. Muss aber
nicht sein. Hier kann man auch selbst Hand anlegen:
Reißverschluss ganz unten an einer Seite vorsichtig mit der Schere einschneiden, sodass
man den Zipper wieder einführen kann. Dann Zipper etwas hochschieben, den Schnitt gut
wieder zunähen und Reißverschluss weiter benutzen. Schwergängige Reißverschlüsse
rutschen wieder, wenn man die Zähnchen mit Grafit bestreicht – der steckt zum Beispiel
in Bleistiften. Mit einer farblosen Kerze darüberreiben hilft auch.
Wenn der Reißverschluss einer Jacke oder Tasche immer wieder aufgeht oder aufspringt,
kann das daran liegen, dass der Zipper sich etwas auseinandergebogen hat. Wenn man

Tipp!

- Stumpf gewordene Knöpfe glänzen wieder, wenn man sie mit durchsichtigem Nagellack bestreicht.

- Feinstrumpfhosen leben länger, wenn man sie vor dem ersten Tragen anfeuchtet und in einer Plastiktüte ins Kühlfach legt.

- Ausgeleierte Bündchen kommen kurzfristig wieder in Form, wenn Sie sie in heißes Wasser tauchen und dann mit dem Föhn auf einer hitzebeständigen Unterlage trocknen.

ihn mit einer Zange leicht zusammendrückt oder vorsichtig mit dem Hammer draufklopft, funktioniert er meistens wieder einwandfrei.
Lose Fäden am Reißverschlusssaum, die ständig den Reißverschluss blockieren, schneidet man nicht ab, sondern fixiert sie mit farblosem Nagellack.

SÄUME Wer keine Lust hat, heraushängende Hosen- oder Rocksäume im Blindstich zu festzunähen, kann entweder zu Textilkleber greifen oder mit Bügelband arbeiten, einem ca. 2 cm breiten Vliesstreifen, der beidseitig mit einer Klebeschicht versehen ist, die durch die Wärme des Bügeleisens aktiviert wird. Bügelband gibt's in diversen Farben abgepackt oder lose in Handarbeitsgeschäften oder der Kurzwarenabteilung im Kaufhaus. Wer für Notfälle außerhalb der eigenen vier Wände gewappnet sein will, kauft besser Textilkleber, der auch ohne Bügeln hält. Mit klein geschnipseltem Bügelband hingegen kann man auch kleine Löcher provisorisch verschließen oder Nähte fixieren.

LÖCHER Kleine Löchlein im T-Shirt muss man nicht kunstvoll stopfen, sondern näht in einigen Stichen einen Abnäher: Dazu den Stoff von innen so zusammenhalten, dass das Loch von außen unsichtbar wird. Nähen Sie dann von innen den eingehaltenen Stoff ab, sodass das Loch verschwindet. Diese Technik funktioniert auch bei größeren Löchern, allerdings muss man etwas sorgfältiger arbeiten und den Abnäher erst mit Stecknadeln fixieren und am besten mit der Maschine absteppen. Lange dauert aber auch das nicht. Hat sich in grob gestrickter oder gehäkelter Kleidung ein Loch gebildet, einen dünnen Faden in passender Farbe in eine Nadel einfädeln und damit das Loch zusammenziehen. Fädenenden anschließend miteinander verknoten.

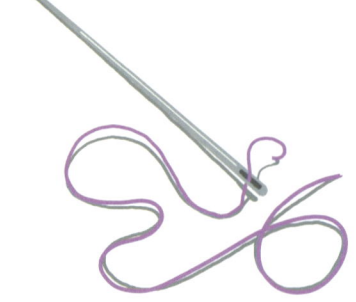

PILLING, FUSSEL UND VERFILZUNGEN Die kleinen Knötchen, die Pullis und Shirts bevorzugt an den Seiten, der Innenseite der Ärmel und am Rücken befallen, entstehen durch Reibung. Viel dagegen tun kann man nicht. Es kann aber nicht schaden, Pilling-Kandidaten auf links und möglichst im Schonprogramm zu waschen. Sind die Knubbel einmal da, hilft rasieren, entweder mit dem Einwegrasierer oder mit speziellen (elektrischen) Fusselrasierern aus dem Elektrofachhandel, und auch mit Langhaarschneidern wurden schon Erfolge erzielt. Mit diesen Geräten fahren Sie sanft über den angespannten Stoff, um die Fasern nicht zu beschädigen. Auch für den zu heiß gewaschenen und verfilzten Wollpulli besteht noch Hoffnung: Das Gewebe wird wieder lockerer, wenn Sie das gute Stück in Wasser einweichen, dem Sie etwas Glyzerin beigefügt haben. Bei erfolgloser Fahndung nach Kleiderbürste oder Fusselrolle können Sie Ihre Kleidung auch mit einer alten Nylonstrumpfhose wieder flusenfrei bekommen, Fensterleder oder ein Stück Klebeband tun ebenfalls gute Dienste. Wer ein bisschen mehr Zeit hat, steckt verfluste Kleidung in den Trockner – sofern sie das verträgt.

GEZOGENE FÄDEN Hat sich in dünnen Materialien ein Faden gezogen, fädeln Sie diesen vorsichtig in eine Nadel ein und ziehen ihn auf die Innenseite des Kleidungsstücks. Wenn der gezogene Faden zu kurz ist, einen etwas dickeren Faden einfädeln, diesen mit der Nadel genau an die Stelle des gezogenen Fadens einstechen – der dickere Faden zieht den dünnen mit nach innen. Gezogene Fäden in Grobstrickkleidern kann man meist einfach mit einer Häkelnadel nach innen ziehen.

BH-FORMBÜGEL Hat sich die Spitze eines Formbügels durch den Stoff gebohrt, sollte das sofort behoben werden – pieksende Bügel sind nicht nur beim Tragen unangenehm, sie können auch in der Waschmaschine vollständig herausrutschen und die Trommel blockieren oder anderen Schaden anrichten. Um das Loch zu schließen, den herausstehenden Bügel zuerst vorsichtig ins Futter zurückschieben, dann eine Nadel mit zum BH farblich passenden Faden einfädeln, das Fadenende verknoten und mit einigen Stichen das Loch schließen. Den Faden an der Nahtstelle gut verknoten und knapp abschneiden.

Schuhe und Leder

Schusters Rappen

Schuhpflege beginnt schon beim Schuhkauf:
Ist der Schuh zu groß oder zu breit, bilden sich
leicht Gehfalten, die nicht nur unschön aussehen,
sondern auch irgendwann einreißen. Zu enge
Schuhe sind schneller ausgetreten, als man gucken
kann, und platzen an den Nähten.

SCHONEND BEHANDELN Gewöhnen Sie sich an, Ihre
Schuhe immer mit einem passenden Schuhlöffel ohne
scharfe Kanten anzuziehen, das schont die Fersenkappe und
verhindert dort Auflösungserscheinungen. Beim Ausziehen
werden alle Verschlüsse geöffnet und der Schuh mit der Hand
vom Fuß gestreift – nicht mit der Spitze des anderen Schuhs.
Für den Formerhalt sorgen noch in den warmen Schuh einge-
legte Schuhspanner, am besten solche aus Holz mit einem breiten Fersenteil, das den Druck auf die Fersenkappe gut verteilt.
Um das Mikroklima im Schuh zu verbessern, sollten Schuhe
nach dem Tragen ein bis zwei Tage lüften.

GUT IMPRÄGNIEREN Lederschuhe sollten Sie vor dem ersten Tragen routinemäßig imprägnieren. Da Imprägnierspray sich in die Poren des Leders setzt, erhöht es dessen Widerstandsfähigkeit und erleichtert die Reinigung. Dauerhaften Nässeschutz garantiert eine wöchentliche Behandlung mit Imprägnierspray.

VORSICHTIG REINIGEN Bevor Sie Ihren Schuhen mit Schuhcreme zu Leibe rücken, müssen sie erst gereinigt werden, sonst wird der Schmutz von den Schuhpflegemitteln eingeschlossen und konserviert. Außerdem kann sauberes Leder die Pflegemittel besser annehmen. Staub entfernt man mit einem Tuch, bei Bedarf auch mit einer Bürste, bei Glattleder mit einer Rosshaarbürste, bei Veloursleder mit einer Messingbürste und bei Nubuk mit einer Kreppbürste. Glattlederschuhe kann man zur Beseitigung hartnäckiger Flecken mit einem feuchten Tuch abwischen, bei aufgerautem Leder greift man zum Leder-Radiergummi.

Alternativ kann man handelsübliche Reinigungsschäume für die verschiedenen Lederarten verwenden. Stoffschuhe bearbeitet man ebenfalls mit einer Bürste oder benutzt Reinigungsschaum, den man unter Umständen auch mehrmals anwenden muss.

Tipp !

- Helle Stoffschuhe werden nicht so schnell schmutzig, wenn an sie vor dem ersten Tragen mit Wäschestärke einsprüht. Gerät trotzdem mal ein Fleck darauf, kann man den mit Teppichschaum erfolgreich behandeln.

- Wer seine Schuhe absolut auf Hochglanz bringen will, zieht beim Polieren einen Nylonstrumpf über die Bürste. Alternativ kann man die Schuhe vor dem Polieren mit einer halben Zwiebel abreiben.

- Den Glanz von dunklen Schuhen konserviert man, indem man nach dem Polieren etwas Haarspray darauf sprüht, kurz einwirken lässt und dann noch einmal nachpoliert.

- Lackschuhe glänzen länger, wenn man sie vor dem Polieren mit Milch einreibt.

Von der Maschinenwäsche von Textilschuhen raten Fachleute ab, da die Schuhe sich dabei leicht verziehen, die Verklebung der Sohle sich unter Umständen löst und schwere Schuhe beim Schleudern sogar die Waschmaschine ruinieren können.

RICHTIG PUTZEN Wenn Sie Ihre Schuhe mit einem geeigneten Pflegemittel behandeln, schlagen Sie gleich drei Fliegen mit einer Klappe: Das Leder behält sein Aussehen, es dringt weniger leicht Wasser ein, und Schmutz setzt sich nicht so schnell fest. Glattlederschuhe putzt man mit dem traditionellen Schuhwachs aus der Blechdose oder Cremes aus der Tube im passenden Farbton, helles Leder am besten mit farblosen Produkten. Vor der Behandlung müssen die gereinigten Schuhe gut trocknen. Wachs oder Creme sparsam mit einem Tuch auftragen und gut einziehen lassen. Das dauert 15–30 Minuten. Dann polieren Sie die Schuhe mit einem weichen Tuch oder einer Rosshaarbürste. Raulederschuhe muss man eigentlich nur regelmäßig reinigen und imprägnieren. Verwenden Sie auf keinen Fall fett- oder wachshaltige Produkte für Velours und Nubuk – davon glänzen die Schuhe speckig. Auch auf Lackschuhe gehört kein Fett. Für den Lackeffekt sorgt nämlich eine Kunststoffbeschichtung, die man am besten mit speziellen Pflegeprodukten für Lackleder einreibt und dann poliert.

Vollbad für Rraulederschuhe

Wenn Flecken und Verschmutzungen von Raulederschuhen alle Trockenreinigungsmaßnahmen überdauern, hilft nur noch eine komplette Nassreinigung:
Dazu den Schuh etwa 10 Minuten lang in kaltes bis lauwarmes Wasser tauchen und mit einer geeigneten Bürste bearbeiten. Dann nimmt man ihn aus dem Bad, bürstet das Leder noch einmal gegen den Strich, spannt ihn auf einen Schuhspanner und lässt ihn in aller Ruhe trocknen – auf keinen Fall in der Sonne oder unter zusätzlicher Hitzezufuhr. Kurz bevor er vollständig trocken ist, den Schuh noch mal bürsten, bei Bedarf auch noch einmal nach dem Trocknen.

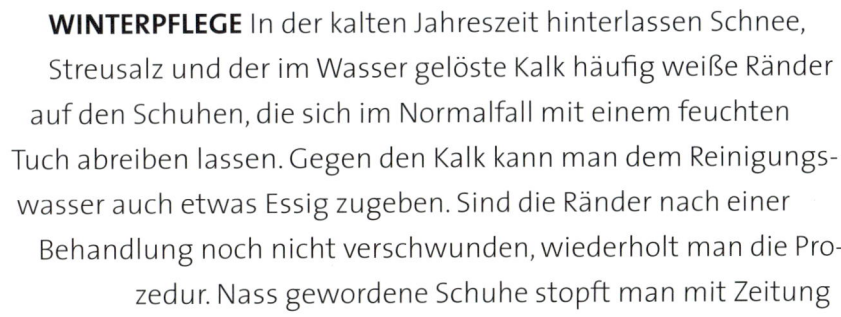

WINTERPFLEGE In der kalten Jahreszeit hinterlassen Schnee, Streusalz und der im Wasser gelöste Kalk häufig weiße Ränder auf den Schuhen, die sich im Normalfall mit einem feuchten Tuch abreiben lassen. Gegen den Kalk kann man dem Reinigungswasser auch etwas Essig zugeben. Sind die Ränder nach einer Behandlung noch nicht verschwunden, wiederholt man die Prozedur. Nass gewordene Schuhe stopft man mit Zeitung aus und lässt sie langsam trocknen, auf keinen Fall auf der Heizung oder direkt an einer sonstigen Wärmequelle, denn dadurch wird das Leder hart und brüchig.

AUFBEWAHRUNG Schuhe lagert man kühl, trocken und lichtgeschützt, am besten im Regal. Achten Sie bei der Aufbewahrung im Schuhschrank darauf, dass die Schuhe nicht zu eng stehen und dass der Schrank gut belüftet ist. Wenn man Schuhe stapelt, verlieren sie schnell ihre Form. Wer nicht genug Platz im Schuhschrank hat, steckt die Schuhe in Filzbeutel oder lässt sie im Karton, dann kann man sie ausnahmsweise auch mal türmen.

Eine inzwischen sehr oft in Zeitschriften empfohlene, nichtsdestotrotz schicke und praktische Methode für wahre Schuhsammler ist die folgende: Verstauen Sie all Ihre Schuhe in gleichen, einfarbigen Kartons oder Schachteln, auf die Sie vorn ein Bild der Schuhe kleben, die drin sind.

Tipps zur Schuhpflege

- [ ] Häufig getragene Schuhe auch häufig putzen.

- [ ] Feuchte oder nasse Schuhe immer möglichst sofort trockenwischen.

- [ ] Schuhe nie dreckig oder feucht in den Schrank räumen.

- [ ] Lederschuhe regelmäßig mit speziellem Lederfett einreiben, um das Austrocknen zu verhindern.

- [ ] Schuhe immer in einem Stoffbeutel oder einer Plastiktüte in den Koffer packen, das schont die Schuhe und den übrigen Kofferinhalt.

- [ ] Lackschuhe mit Vaseline einreiben, dann polieren.

Lederkleidung pflegen

Wenn es um Pflege und Reinigung von Oberbekleidung aus Leder geht, ist man häufig ein wenig
ratlos ... und tut im Zweifelsfalle erst mal gar nichts
oder gibt das gute Stück irgendwann zähnekni-
schend für teures Geld in die Reinigung. Dabei
können Sie selbst an die Sache rangehen – und
das sogar mit Wasser.

PFLEGE Schützen Sie Ihre Lederkleidung vor starker Wärme und UV-Strahlung, da das
Leder sonst austrocknet und unter Umständen heller wird. Probieren Sie Reinigungs- und
Pflegemittel immer an einer unauffälligen Stelle aus, bevor Sie sie großflächig anwenden.
Glattleder kann man mit einem feuchten Tuch abwischen. Eine Behandlung mit pflegen-
der Ledermilch ein- bis zweimal jährlich hält es weich und geschmeidig und imprägniert
außerdem. Vor jeder Pflegeeinheit sollten Sie Glattleder mit einem speziellen Schaumrei-
niger oder Wollwaschmittelschaum reinigen, und zwar in kreisförmigen Bewegungen von
Naht zu Naht. Kleidungsstücke aus Glattleder müssen regelmäßig mit einer Kreppbürste
oder einem Lederradiergummi aufgeraut werden, besonders an Kragen, Tascheneingrif-
fen, Knopfleisten oder Ärmelkanten, wo sie stark strapaziert werden. Sprühen Sie sie
außerdem ein- bis zweimal im Jahr mit Schuhimprägnierspray ein. An neuer Raulederklei-
dung haftet übrigens meist noch Schleifstaub, den Sie auf jeden Fall abbürsten oder
absaugen sollten.

PUNKTUELLE REINIGUNG Bei Kragenspeck an Glattlederteilen hilft normalerweise eine
Behandlung mit Schlämmkreide. Reiben Sie das Pulver leicht ein und lassen Sie es mindestens zwei Stunden einwirken. Wenn das nicht hilft, kön-
nen Sie es mit dem Schaum von Leder- oder Wollwaschmittel versuchen. Dazu einen Schwamm mit
Schaum benetzen, damit die Speckränder bearbeiten und sofort mit einem trockenen, sauberen
Tuch nachreiben. Speckiges Rauleder raut man
mit einer speziellen Gummibürste, einem Raule-

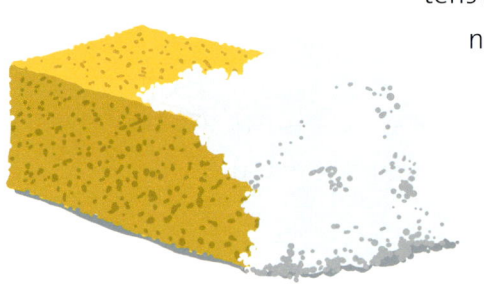

der-Reinigungstuch oder einem Lederradierer nach. Dabei immer in eine Richtung reiben. Alternativ ist eine Behandlung mit Reinigungsbenzin möglich. Feuchten Sie ein sauberes, weiches, weißes Tuch mit Benzin an und gehen Sie damit über die fettigen Stellen. Nimmt das Tuch sehr viel Farbe an, sollten Sie sofort aufhören. Frische Fettflecken bestreut man sofort mit weißem Ton (zerkleinerte Schulkreide, Mehl oder Magnesia tun's notfalls auch), den man auf dem Fleck verreibt. Eventuell zusätzlich noch leicht föhnen, um die Wirkung zu verbessern.

LEDERKLEIDUNG WASCHEN Lederkleidungsstücke können in die Nasswäsche, wenn sie entsprechend gegerbt, formstabil und nassecht gefärbt sind. Behandeln Sie mehrfarbige oder stark ausblutende Ledersachen vor der Wäsche mit einem Lederfixativ aus dem Fachhandel und reinigen Sie speckige Stellen im oben beschriebenen Verfahren vor. Waschen Sie das Kleidungsstück danach im Wollwaschgang (nur kurz anschleudern) oder mit der Hand mit Leder- oder zur Not auch Wollwaschmittel. Das Waschmittel nach der Handwäsche gründlich auswaschen, das Kleidungsstück ausgiebig durchkneten und bei Zimmertemperatur langsam trocknen lassen, dabei immer wieder walken und aufschütteln. Ist das Leder im trockenen Zustand noch hart und eventuell geschrumpft, müssen Sie weiter mit Ausdauer rubbeln, ziehen und walken. Glattleder nach der Nassreinigung mit Pflegemilch behandeln, Rauleder mit der Kreppbürste bearbeiten und imprägnieren.

Tipp !

- Glattlederkragen werden nicht so schnell speckig, wenn Sie sie zwischendurch immer wieder einmal mit einem Erfrischungstuch abreiben.

- Ungefütterte Lederhandschuhe zu reinigen ist ein echtes Kinderspiel: Anziehen und Hände mit kaltem Wasser und pH-neutraler Waschlotion waschen, dabei kleine Flecken mit Schaum abreiben. Gut abspülen, Handschuhe in ein Handtuch rollen. Danach falten und langsam auf einem sauberen Handtuch trocknen lassen.

- Lederne Schuhsohlen beizeiten mit Rizinusöl abreiben, dann halten sie länger. Sind sie zu glatt, raut man neue Ledersohlen leicht mit Sandpapier auf.

Heimtextilien

Problemkind Wäscheschrank

Der Wäschekorb ist voll, der Wäscheschrank aber auch, und Sie wissen gar nicht mehr, wohin mit Ihren ganzen Laken, Bettbezügen und Handtüchern? Dann heißt es wohl erst mal Ordnung schaffen und organisieren. Wie das geht, wissen Sie ja schon – ausräumen, sortieren, wegschmeißen, wegräumen, einräumen (genauer nachzulesen auch in Kapitel 1). Was Sie weiterhin tun können, um Ihren Wäscheschrank zu pflegen, steht hier.

KREMPEL VERBANNEN Der Wäscheschrank hat eine nachgerade magische Anziehungskraft auf Krempel. Gern werden hier nicht nur fein säuberlich gefaltete Bett- und Kissenbezüge sowie Handtücher aufbewahrt, sondern auch ausgemusterte Dekoobjekte, Kerzen, Weihnachtsschmuck, Spielzeug und alte Schuhe, oder der Inhalt des Kleiderschrank diffundiert langsam, aber sicher in die Wäscheabteilung. Machen Sie dem ein Ende und gönnen Sie Ihren Heimtextilien den alleinigen Anspruch auf den Wäscheschrank.

REGELMÄSSIG AUSSORTIEREN Auch wenn Sie nun alle artfremden Gegenstände aus Ihrem Wäscheschrank verbannt haben, sortieren Sie weiter aus: Trennen Sie sich zuerst von zerschlissenen, kaputten und verfleckten Textilien, die entweder in die Mülltonne wandern sollten oder ein neues Leben als Putzlappen beginnen können. Anschließend sehen Sie den Rest durch: Alles, was zwar sauber und unbeschädigt ist, aber bereits seit längerem nicht mehr in Ihr Bett, auf Ihren Tisch oder in Ihr Bad gekommen ist, mögen Sie offen-

Tipp

Ihre Kissenbezüge haben die beunruhigende Angewohnheit, sich nicht in der Nähe des zugehörigen Bettbezugs aufzuhalten, auch wenn Sie schwören könnten, dass Sie beides zusammen verstaut haben? Dann ist der folgende Trick für Sie genau richtig: Falten Sie den Bettbezug wie üblich und verstauen Sie diesen dann in der passenden Kissenhülle, die Sie anschließend ordentlich umschlagen oder falten. In den Wäscheschrank räumen, fertig.

sichtlich nicht. Ob das nun an der Farbe, dem Muster oder der Erinnerung an die Schwiegermutter liegt – raus damit aus Ihrem übervollen Wäscheschrank. Machen Sie stattdessen Ihren Neffen glücklich, der gerade in seine erste eigene Wohnung zieht (und dem es ziemlich egal sein dürfte, welche Farbe seine Handtücher haben) oder spenden Sie die Sachen an Hilfsorganisationen.

WÄSCHE ROTIEREN LASSEN Räumen Sie frisch gewaschene Handtücher, Laken und Bettbezüge immer nach unten in den Stapel, damit alle Textilien regelmäßig benutzt und so gemeinsam alt werden. Wäschestücke, die aufgrund ihres saisonalen Charakters nur selten hervorgeholt werden, zum Beispiel Weihnachtstischdecken, sollte man ein- bis zweimal im Jahr neu falten, da die Knickfalten sich sonst „festliegen" und auf lange Sicht die Fasern schädigen.

Ökotipp

Alte weiße Tischdecken mit zarter Spitze haben manchmal unschöne Gilb- oder sonstige leichte Flecken, die man mit den üblichen Fleckentfernermethoden nicht behandeln kann, weil das Gewebe zu empfindlich ist. Retten können Sie ein solches Stück unter Umständen, indem Sie es mit schwarzem Tee einfärben, der ihm eine zarte Cremetönung verleiht. Legen Sie die Tischdecke dazu 15 Minuten in schwarzem Tee ein und waschen Sie sie danach wie gewohnt.

STAPELN OHNE EINSTURZGEFAHR

- Tischdecken lassen sich ganz bequem aus dem Schrank nehmen, ohne dass der ganze Stapel zusammenbricht, wenn man zwischen sie jeweils ein Stück Pappe legt.

- Alternativ, auch bei Handtüchern und Bettwäsche, hilft ein Kleiderbügel: Um an etwas heranzukommen, was ganz unten im Stapel liegt, schiebt man einen Kleiderbügel über dem benötigten Stück in den Stapel, hebt den Bügel (und damit den Stapel) dann leicht an und kommt somit bequem an das gewünschte Textil.

- Handtuchstapel kann man auch komplett vermeiden, indem man Handtücher einmal faltet und dann zusammenrollt. Je nach Längs-, Quer- oder auch Drittelfaltung kann man die Rollen prima der Schubladengröße anpassen. Gerollt lassen sich Handtücher auch gut im Koffer verstauen.

GERÜCHEN UND FEUCHTIGKEIT
VORBEUGEN In den Wäscheschrank
gehören nur absolut saubere und trockene Textilien. Eine einzige auch nur
einmal gebrauchte Tischdecke kann mit
ihren „Gebrauchsdüften" von Braten-
soße bis Zigarettenqualm den ganzen
Schrank kontaminieren. Sorgen Sie
grundsätzlich für ein kühles, dunkles
und trockenes Klima im Reich der

Wäsche. Wer Probleme mit Feuchtigkeit im Schrank hat, arbeitet mit speziellen Trocken-
Gels oder hängt ein Bündel Kreidestücke in den Schrank. Ebenfalls gut gegen Feuchtigkeit
wirkt Holzkohle. Einfach einige Holzkohlestücken in eine Dose geben, Löcher in den Deckel
machen und Dose in den Schrank stellen. Wer sich an zarten Düften erfreut, legt ein Stück
seiner Lieblingsseife zwischen die Laken.

WASCHEN Grundlegendes zum Waschen von Textilien finden Sie weiter vorn in diesem
Kapitel, aber ein paar spezielle Hinweise für Bettwäsche, Handtücher & Co gibt es schon.
So vertragen Bettwäsche und Handtücher zwar im Normalfall hohe **Waschtemperaturen,**
dennoch muss man heute fast nichts mehr bei 95 °C waschen. Maschinen und Waschmittel haben Dreck und Bakterien auch bereits bei 60 °C im Griff. Bei niedrigeren Temperaturen kann man auch spezielle Waschmittelzusätze zur Bakterienbekämpfung verwenden.
Weichspüler ist zum einen nicht so gut für die Umwelt und macht Handtücher zum anderen weniger saugfähig. Damit sie dennoch nicht zu kratzig werden, ab und zu im Trockner
oder im Freien trocknen. Alternativ hilft auch ein Schuss Essig im Weichspülerfach der
Waschmaschine. Textilien aus **Microfaser** dürfen generell nur ohne Weichspüler gewaschen werden. Dabei außerdem die eingenähten Pflegehinweise beachten.
Tischdecken mit Spitze oder Stickereien schonend in einem Wäschenetz oder Kissenbezug
waschen. Weiße Tischdecken grundsätzlich nur mit heller Wäsche waschen, um Grau-
schleier zu vermeiden. Farbige Tischdecken bei nicht zu hohen Temperaturen und unbedingt mit einem Waschmittel ohne Bleichmittel waschen.

So geht's: Spannbettlaken falten

Variante 1

1 Zunächst das Laken ausbreiten und glatt streichen.

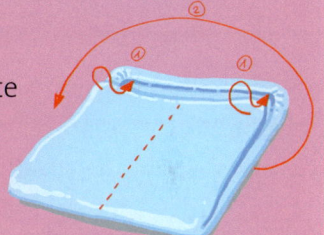

2 Nun einmal quer falten, dabei die Ecken ineinanderstecken, d. h. die Ecken der (vorherigen) unteren Hälfte
in die der oberen stecken. Anschließend die Ränder nach
innen legen und alles gut mit der Hand glätten.

3 Jetzt längs falten und den entstandenen Streifen der Breite
nach halbieren oder dritteln – nun sollte theoretisch ein
ordentliches Päckchen vor Ihnen liegen. Wenn das nicht klappt,
kann man folgende Rolltechnik probieren:

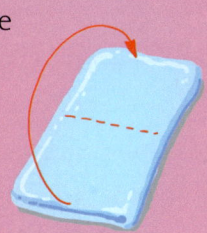

Variante 2

1 Das Laken in der Mitte quer falten und die Ecken ineinanderstecken –
wie in Variante 1.

2 Nun längs so zusammenlegen, dass sich die Gummizüge der Längsseiten
sich möglichst auf der Mitte des gefalteten Lakens treffen.

3 Anschließend einfach aufrollen. In diesem länglichen Format lassen sich
Spannbettlaken prima in einer großen Schublade lagern. Für die Aufbewahrung im Schrankfach kann man mit Falttechniken für ein schmaleres Rollen-
format experimentieren.

Organisation & Technik

Basisplanung

Wege zur entspannten Haushaltsführung

Wenn Sie häufiger abends schlaflos im Bett liegen, weil Ihnen ungeordnet tausend mehr oder weniger dringende organisatorische Aufgaben im Kopf rumschwirren, ist es möglicherweise an der Zeit, Stift und Papier in die Hand zu nehmen und eine ganz konkrete Haushaltsplanung für die ganze Familie zu entwickeln. Das kostet Sie zwar erst einmal ein bisschen Zeit, wird aber langfristig eine große Erleichterung sein.

1 **DER ERSTE SCHRITT** Setzen Sie sich in aller Ruhe hin und notieren Sie, welche Arbeiten im Haushalt anfallen: Unterscheiden Sie dabei zwischen regelmäßig anfallenden Routineaufgaben und einmaligen Projekten, die Sie irgendwann noch umsetzen wollen (auch bekannt als Kategorie „Ich müsste eigentlich mal …" oder „Wir wollten doch …"). Legen Sie dann die Projektliste beiseite und wenden Sie sich den Routineaufgaben zu. Machen Sie nun wieder unterschiedliche Gruppen: Was fällt täglich an, was wöchentlich, was einmal im Monat? Damit haben Sie das Fundament für Ihre Haushaltsplanung schon gelegt. Jetzt ist der Augenblick für eine Zusammenkunft aller Haushaltsmitglieder gekommen.

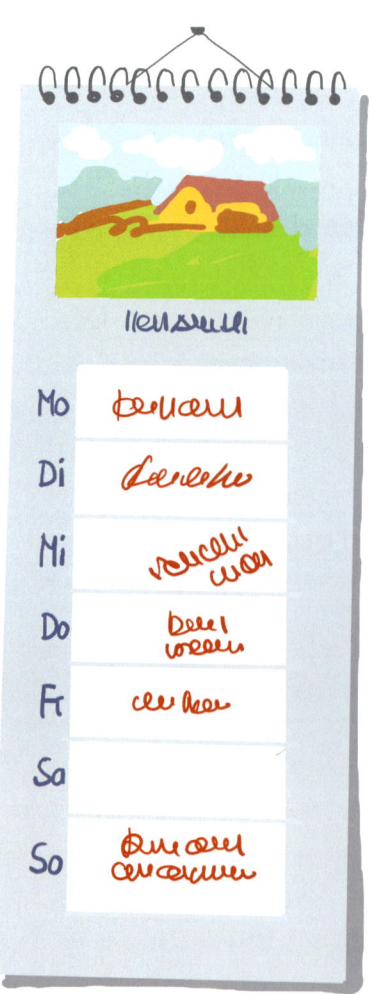

2 **AUFGABEN VERTEILEN** Dass Sie die Planung der Haushaltsführung in die Hand genommen haben, bedeutet nicht, dass Sie sie auch allein umsetzen müssen: Trommeln Sie Ihre Familie zusammen, um die anfallenden Aufgaben fair und altersgerecht zu verteilen (Tipps dazu, was Kinder im Haushalt erledigen können, finden Sie weiter hinten in diesem Kapitel). Überlegen Sie gemeinsam, wer was am sinnvollsten übernehmen kann. Für besonders ungeliebte Aufgaben, die keiner mag, empfiehlt sich ein Rotationssystem. Die Perspektive, nur eine Woche lang oder immer nur dienstags für das Heraustragen des Mülls verantwortlich zu sein, ist deutlich angenehmer als der Gedanke, das für den Rest des Monats Tag für Tag zu tun.

Ebenfalls bewährt hat sich die Strategie, bestimmte Wochentage für bestimmte Aufgaben vorzusehen: Großeinkauf dienstags, Verwaltungsaufgaben (wie Rechnungen bezahlen, wichtige Briefe bearbeiten usw.) mittwochs, Wäsche waschen donnerstags, Bad und Küche putzen freitags ... Am Ende der Sitzung sollte klar sein, in welchem Rhythmus und eventuell auch von wem die Routineaufgaben erfüllt werden. Nun geht es an die konkrete Planung.

3 **TAGES-, WOCHEN- UND MONATSPLÄNE ERSTELLEN** Das Gerüst für Ihre Zeitplanung bilden die regelmäßigen Routineaufgaben. Am besten nehmen Sie sich einmal in der Woche Zeit, die kommenden sieben Tage zu planen. Dafür bietet sich der Sonntagabend an. Nehmen Sie die drei Listen mit den Monats-, Wochen- und Tagesaufgaben zur Hand, außerdem den Familienterminkalender. Tragen Sie zunächst für jeden Tag die üblichen Routinearbeiten ein: Frühstückstisch auf- und abdecken und Betten

machen am Morgen, Küche aufräumen am Abend usw. Im nächsten
Schritt verteilen Sie wöchentlich
anfallende Aufgaben wie Badputz
und Einkauf auf die kommende
Woche. Berücksichtigen Sie dabei
die Termine und geplanten Aktivitäten aller Haushaltsmitglieder – sie
gehören ebenfalls in den Wochenka-
lender – sowie gegebenenfalls auch
die von Ihnen bestimmte „Wochen-
tagsbelegung". Tragen Sie außerdem

ein, wer in der betreffenden Woche für welche Aufgaben zuständig ist.
Nun kommt Ihre Liste mit den Monatsaufgaben ins Spiel. Übertragen Sie das, was turnus-
mäßig wieder mal an der Reihe ist, z. B. Kühlschrank abtauen, dort ein, wo es organisato-
risch am besten passt, in diesem Fall vermutlich am Küchenputztag. Streichen Sie für den

Zentrale Infostelle

Tragen Sie alle Informationen, die für den reibungslosen Ablauf des Familienlebens von Bedeutung
sind, an einem zentralen Ort zusammen, zum Beispiel in einem Ordner, den Sie in der Nähe des
Telefons aufbewahren. Darin sammeln Sie wichtige Telefonnummern (Notfallnummern, Arzt und
Kinderarzt, Schule, Arbeitsstelle, Handwerker, Babysitter, Gemeindeverwaltung usw.), die Menü-
karte von Pizzaservice und Sushiladen, Infoblätter zu den Öffnungszeiten von Bibliothek und
Schwimmbad, Putz- und Menüpläne, Impfpässe usw. Hier sind auch Informationen gut aufgehoben, die unter Umständen wichtig für die Umsetzung von Sonderprojekten sind, etwa Prospekte
und Broschüren von Badausstattern, wenn Sie Ihr Badezimmer neu gestalten wollen, oder Angebote für Jugendreisen, wenn Sie vorhaben, Ihre Kinder allein in die Ferien zu schicken usw.

Wie umfangreich das Ganze wird, ergibt sich aus der Zusammensetzung Ihres Haushalts und Ihren
individuellen Gewohnheiten. Auf jeden Fall ist es übersichtlich, den Haushaltsordner nach verschiedenen Kategorien zu ordnen, denkbar sind zum Beispiel Themenbereiche wie „Schule", „Geld",
„Gesundheit" oder „Hobby".

Monat bereits erledigte Aufgaben von Ihrer Liste, und notieren Sie sich, wann sie wieder an der Reihe sind.

4 TAGESAUFGABEN Im nächsten Schritt füllen Sie Ihr Planungsgerüst mit aktuell anfallenden Tagesaufgaben. Wer in seinem Haushalt eine wöchentliche Menüplanung eingeführt hat, trägt die vorgesehenen Speisen in den Wochenplan ein und vermerkt, wann er was einkaufen oder aus der Kühltruhe holen muss. Außerdem gehören in den Wochenplan zu erledigende Anrufe, Dinge, die außer der Reihe zu kochen, backen, basteln (z. B. Geburtstagskuchen und -geschenke) oder zu schreiben (Geburtstagswünsche, Bankangelegenheiten usw.) sind.

5 PROJEKTE Werfen Sie nun einen kritischen Blick auf Ihren Wochenplan. Ist er neben der Routine schon vollgestopft mit Dingen, die außerhalb der Routine erledigt werden müssen? Dann sind Sie jetzt fertig. Wenn nicht, ist es an der Zeit, die Liste mit den Projekten in die Hand zu nehmen. Vielleicht ist ja etwas dabei, was wunderbar in die Wochenplanung passt. Der nahende Winter kann zum Beispiel ein guter Anlass sein, endlich mal Ordnung im Bücherregal oder im Handarbeitskorb zu schaffen. Oder im Supermarkt sind an Ihrem Einkaufstag die Erdbeeren im Angebot, und Sie hatten schon lange mal vor, den Vorratsschrank mit selbst gemachter Marmelade zu bereichern.

Aber Vorsicht: Überschätzen Sie sich und den Rest der Mannschaft nicht. Wenn Ihre Planung zu straff gerät, sorgt die wunderbare Organisation für Frustration und Überforderung, statt Übersichtlichkeit und Freiräume zu schaffen. Ist das alles bedacht, können Sie sich erst mal auf die Schulter klopfen: Theoretisch sind Sie und Ihre Familie jetzt gut für die grundlegenden organisatorischen Herausforderungen des Alltags der kommenden Woche gewappnet.

Haushaltsplanung in der Praxis

In der schönsten aller Welten stehen Sie morgens auf, werfen einen zufriedenen Blick auf Ihren Tages- und Wochenplan, freuen sich über die übersichtliche Organisation und trinken in aller Ruhe Ihren Milchkaffee. Im wahren Leben sind diese kostbaren Momente leider ziemlich rar, doch zumindest Annäherungen an einen solchen Zustand sind möglich.

AUF DEM LAUFENDEN BLEIBEN Eine funktionierende Haushaltsplanung lebt von dauernder Pflege. Termine müssen umgetragen, erledigte Arbeiten ausgestrichen, kurzfristig anfallende neue Aufgaben notiert werden. Die Zeit, die Sie dafür investieren, sparen Sie an anderer Stelle spielend wieder ein, weil Sie so immer einen guten Überblick über das Familienleben haben. Nehmen Sie sich abends fünf Minuten Zeit, noch einmal einen intensiven Blick auf den Plan des abgelaufenen Tages zu werfen. Übertragen Sie eventuell Unerledigtes vom aktuellen auf den nächsten Tag oder notieren Sie sich die Aufgabe für die nächste Wochenplanung. Wenn Sie zu viele Punkte übertragen müssen, haben Sie sich schlicht zu viel vorgenommen. In diesem Fall sollten Sie die Planung der weiteren Tage einer kritischen Überprüfung unterziehen und Projekte und Aufgaben streichen, deren Erledigung auch warten kann, oder diese an andere Familienmitglieder delegieren, deren Terminplan vielleicht wegen einer aufgefallenen Verabredung noch ausreichend Spielraum lässt. Wenden Sie sich dann dem nächsten Tag und dem Rest der Woche zu. Möglicherweise sind hier Dinge zu streichen, etwa weil das erwartete Schreiben der Versicherung endlich eingetroffen ist und die telefonische Nachfrage entfällt oder die Nachbarn in zwei Tagen doch nicht zu Kaffee und Kuchen vorbeikommen, oder es sind andere hinzugekommen, etwa ein Vegetarier zum Mittagessen, der sich über den geplanten Gulascheintopf kaum freuen wird. Und morgens werfen Sie dann routinemäßig einen Blick auf Ihren Plan, sobald der erste Kaffee getrunken ist, und wissen Bescheid, was der Tag an Aufgaben so mit sich bringt.

REALISTISCHE ZEITPLANUNG Viele Menschen neigen dazu zu unterschätzen, wie viel Zeit bestimmte Aufgaben in Anspruch nehmen. Um nicht in diese Falle zu tappen, lohnt sich eine Bestandsaufnahme Ihres Zeitverbrauchs. Notieren Sie ein paar Tage lang akribisch, wie viel Zeit Sie wofür aufgewendet haben, einschließlich Körperpflege, Telefonaten, dem kurzen Plausch mit

Familienprojekttage

Durchbrechen Sie ab und zu ganz bewusst die Routine Ihrer Wochenpläne und planen Sie einen Familienprojekttag – etwa zum Entrümpeln des Speichers – ein. Verteilen Sie die dabei anfallenden Aufgaben im demokratischen Familienplenum so, dass sie Fähigkeiten, Vorlieben und Alter der Projektteilnehmer entsprechen, und machen Sie sich alle gemeinsam ans Werk. Wenn dann nach getaner Arbeit noch ein Besuch in der Eisdiele oder ein sonstiges Familienvergnügen in Aussicht steht, werden vermutlich alle freudiger bei der Sache sein als üblich.

So können Sie Zeit sparen

- [ ] Erledigen Sie ein Teil der Aufräumarbeit locker nebenbei: Gehen Sie nie mit leeren Händen von einem Raum zum anderen oder nach draußen.

- [ ] Schaffen Sie sich ein Headset an: Telefonieren und Bügeln oder Staubwischen sind Tätigkeiten, die sich wunderbar unter einen Hut bringen lassen.

- [ ] Planen Sie Ihre Wege: Ziehen Sie gleich Ihre Kontoauszüge, wenn Sie etwas in die Reinigung neben der Bank bringen wollen. Erledigen Sie den Einkauf auf dem Heimweg von der Arbeit, werfen Sie Ihre Briefe beim Abendspaziergang ein.

dem Nachbarn und natürlich den diversen Arbeiten im Haushalt. Diese Notizen werden Ihnen helfen, realistisch zu planen.

Es mag schon sein, dass es theoretisch möglich ist, das Bad in 15 Minuten zu putzen, doch wie wahrscheinlich ist es, dass wirklich nichts dazwischen kommt?

Bauen Sie bei der Planung Ihrer Aufgaben Puffer ein, die unvorhergesehene Zwischenfälle auffangen – Sie sind schließlich keine Maschine. Darüber hinaus kann Ihre Bestandsaufnahme Ihnen auch helfen, Zeitdiebe zu identifizieren. Haben Sie sich vielleicht in Arbeiten verzettelt, die gar nicht auf dem Plan standen, um unangenehmen Dingen aus dem Weg zu gehen, oder Aufgaben, die Sie eigentlich an andere delegiert hatten, doch selbst übernommen?

DIE MACHT DER GEWOHNHEIT Nutzen Sie die positiven Aspekte der Routine für Ihre Haushaltsorganisation. Handgriffe und Tätigkeiten, die einem in Fleisch und Blut übergegangen sind, erledigt man spielend nebenbei. Machen Sie es sich zum Beispiel zur Gewohnheit, jeden Morgen nach dem Anziehen Ihr Bett zu machen, falten Sie die Sofadecke abends immer gleich zusammen, wenn Sie das Wohnzimmer verlassen, räumen Sie gebrauchte Teller immer direkt vom Tisch in die Spülmaschine ...

Diese Liste ließe sich beliebig erweitern. Fangen Sie klein an, und halten Sie auch die übrigen Familienmitglieder an, bestimmte Dinge gewohnheitsmäßig zu erledigen. Das erspart Ihnen langfristig eine Menge Arbeit und Planung.

FLEXIBEL BLEIBEN Bei aller Planung gibt es immer wieder Anlässe, die gesamte Haushaltsorganisation über den Haufen zu werfen. Und das ist auch in Ordnung so. Werden Sie nicht zum Sklaven Ihrer Listen. Der Sinn des Ganzen besteht schließlich nicht darin, Druck aufzubauen, sondern physische und psychische Belastungen abzubauen. Manch einem kann es dennoch helfen, etwa für Zeiten hoher beruflicher Belastung oder bei Krankheit einen „Notfallplan" in der Hinterhand zu haben, der eine gewisse Grundversorgung der Familie sicherstellt. In dieser abgespeckten Form sorgt der Wochenplan lediglich dafür, dass etwas zu essen auf dem Tisch steht, Bad, Küche und WC geputzt werden und die gröbste Unordnung beseitigt wird. Die Aufgaben in diesem Plan sind klar verteilt und strukturiert, sodass alles weiterläuft, wenn der Chefplaner mal ausfällt. Und wenn die Ausnahmesituation vorbei ist, kann man wieder zur normalen Wochenroutine mit den dazugehörigen Plänen zurückkehren.

Kinder & Haushalt

Beziehen Sie Ihre Kinder in die Hausarbeit ein: Bei den Allerkleinsten ist das selten ein Problem, sie sind meistens sehr stolze und verantwortungsbewusste Kochlöffelhalter, Taschentuchzusammenleger und Spielzeugwegräumer – und je früher ihnen das Mithelfen in Fleisch und Blut übergegangen ist, desto selbstverständlicher werden sie auch später ihren Beitrag zur Bewältigung der Hausarbeit leisten. Wichtig ist, dass  Sie darauf achten, den Schwierigkeitsgrad der Aufgaben Alter und Entwicklungsstand Ihres Sprösslings anzupassen, sonst schwindet die Lust ganz schnell.

GEDULDIG SEIN Wer sehr kleine Helfer im Haushalt hat, muss ein bisschen Zeit mitbringen, denn unter tatkräftiger Unterstützung einer Dreijährigen wird die Arbeit sicherlich länger dauern, als wenn Sie sie allein erledigen. Und das Ergebnis wird höchstwahrscheinlich alles andere als perfekt sein. Aber Sie haben ja auch einen Erfahrungsvorsprung von

Jahrzehnten, und Übung macht bekanntermaßen den Meister. Betrachten Sie das Ganze als Investition in die Zukunft: Was Toni heute von Ihnen lernt, erledigt Anton irgendwann souverän in Eigenregie. Ältere Kinder, die trotz allem langsam die Lust daran verlieren, im Haushalt zu helfen, stellen sich gelegentlich bewusst ungeschickt an, um sich vor der Arbeit zu drücken. Gehen Sie elegant darüber hinweg und zeigen Sie ihnen im Zweifel noch einmal, wie sie ihre Aufgabe am besten erledigen.

ERWARTUNGEN KLAR ÄUSSERN Kinder ab zehn Jahren sind durchaus in der Lage, selbstständig kleine Haushaltspflichten zu erledigen. Das bedeutet aber nicht, dass sie genau im Blick haben, was im Haushalt gerade am dringendsten zu tun ist. Formulieren Sie darum klar und deutlich, welche – ihrem Alter angemessenen und überschaubaren

Das können Sie Ihrem Kind zutrauen

- **2–5 Jahre:** beim Kochen den Kochlöffel halten, bis er wieder gebraucht wird, Spielzeug in eine Kiste räumen, Wäsche einsammeln und in den Wäschekorb legen, beim Wäscheaufhängen die Wäscheklammern reichen, Löffel und unzerbrechliches Geschirr abtrocknen, beim Einräumen des Einkaufs helfen usw.

- **6–9 Jahre:** Topfpflanzen gießen, den Tisch decken, in der Küche helfen, das Waschbecken nach Benutzung trocken wischen, Hosen und T-Shirts falten oder Brote schmieren usw.

- **10–12 Jahre:** Betten beziehen, Waschbecken und Wanne putzen, beim Kochen und Einräumen der Spülmaschine helfen, abtrocknen, den Müll rausbringen, Zimmer aufräumen, staubsaugen usw.

- **13–16 Jahre:** Wäsche waschen und bügeln, Boden wischen, Möbel polieren, einkaufen gehen, Fenster putzen usw.

- **Ab 16** sollte jeder Teenager mehr oder weniger in der Lage sein, alle anfallenden Putzarbeiten selbstständig zu erledigen und auch kleine (!) Mahlzeiten für die Familie zuzubereiten.

Dienste – Sie von ihnen erwarten. Ein schlichtes „Du könntest auch mal ein bisschen mehr helfen!" reicht nicht. Kinder brauchen Routine und haben auch eigene Pläne. Wenn Ihr Sprössling weiß, dass seine Aufgaben darin bestehen, jeden Freitag die schmutzigen Handtücher im Bad aufzusammeln und in den Wäschekorb zu stopfen und nach dem Abendessen das Geschirr in die Spülmaschine zu räumen, wird er das bereitwilliger erledigen, als kurzfristig eine halbe Stunde vor dem Fußballtraining/der Ballettstunde noch die Küche zu fegen.

ANREIZE SCHAFFEN Unterscheiden Sie zwischen Aufgaben, die zu den Pflichtdiensten gehören, und solchen, mit denen Ihr Kind sich sein Taschengeld ein bisschen aufbessern kann, etwa wenn es zusätzlich im Garten Laub harkt oder den Gehweg fegt. Das motiviert. Außerdem macht Kindern die Arbeit mehr Spaß, wenn sie die Möglichkeit haben zu wählen. Wer nicht gern Böden wischt, kann ja stattdessen das Staubsaugen übernehmen. Sparen Sie nicht mit Lob, auch wenn Ihre ganz persönlichen Sauberkeitsansprüche nicht erfüllt werden – so können Sie viel mehr dazu beitragen, dass die Kleinen mit Freude bei der Sache sind und immer besser mit ihren Aufgaben zurechtkommen.

NICHT ÜBERFORDERN Auch wenn Kinder eine Menge Dinge erledigen können, sollten Sie Ihnen auf keinen Fall zu viel Arbeit aufbürden. Für Kinder ab ca. zehn Jahren sind 15 Minuten Hilfe im Haushalt pro Tag durchaus zumutbar, für ältere auch mal 30 Minuten. Ihre wichtigste Verpflichtung besteht aber darin, zur Schule zu gehen, was heute ja fast schon ein Vollzeitjob ist, und sie brauchen ausreichend Zeit, um zu spielen, Freunde zu treffen und ihren Hobbys nachzugehen. Sie sollen lediglich im Haushalt helfen, nicht den Haushalt allein bewältigen.

RUHIG BLEIBEN Vor allem, wenn Sie mehrere Kinder haben, wird es regelmäßig Diskussionen um gerechte Verteilung von Aufgaben oder die Verursachung von Schmutz oder Chaos geben. Bleiben Sie ruhig, schonen Sie Ihre Nerven, Sie werden daran ja doch nichts ändern können. Wenn sich ein Aufgabenverteilungssystem grundsätzlich bewährt hat, es aber ab und zu kleinere Maulereien gibt – gehen Sie darüber hinweg. Wird jedoch schnell klar, dass komplizierte Zeit- oder Arbeitspläne oder die angedachte Teamarbeit nicht funktionieren, schaffen Sie sie ab und überlegen sich – gemeinsam mit Ihren Kindern – in aller Ruhe ein neues System.

Haustechnik

Gas, Wasser & Strom

Sie sollten nicht nur einen Überblick über Ihre Vorräte in Kühlschrank und Speisekammer haben, sondern auch ein paar grundlegende Dinge über die Versorgungssysteme in Ihrem Haushalt wissen, damit Sie Notfälle erkennen, unter Umständen selbst handeln oder bei Bedarf den Fachmann zurate ziehen können.

HEIZUNG Gas- und Ölheizungsanlagen müssen einmal im Jahr professionell gewartet werden. Vereinbaren Sie einen Termin mit einem Fachmann, solange die kalte Jahreszeit noch nicht begonnen hat. Mit dem Einsetzen der Heizperiode

Was tun bei Gasgeruch?

Wenn Sie bemerken, dass es in Ihrer Wohnung nach Gas riecht, machen Sie sofort Gasherd, Zigaretten und Kerzen aus, ebenso alle elektrischen Geräte, und betätigen Sie den Lichtschalter nicht, sondern lassen das Licht an oder aus. Dann schließen Sie den Gashahn am Hauptzähler und/oder den Hauptgashahn und öffnen Fenster und Türen. Benachrichtigen Sie Ihre Nachbarn, verlassen Sie das Haus und rufen dann den Notdienst Ihres Gasversorgers.

sind die Wartungsfirmen häufig ausge-
bucht. Falls Sie mit Gas heizen, lassen
Sie sich genau zeigen, wo sich der
Hauptgashahn befindet und wie man
ihn zudreht. Diese Information ist im
Notfall sehr wichtig. Überdies ist der
Wartungstermin eine gute Gelegenheit,
sich vom Fachmann Tipps für die effiziente Nutzung und den energiesparen-
den Betrieb der Heizungsanlage zu
holen.

SPARSAM HEIZEN Stellen Sie program-
mierbare Thermostate so ein, dass die
Heizkörper sich nachts ausschalten und
zu den Zeiten, in denen niemand zu
Hause ist, nur wenig heizen. Zum Auf-
heizen eines Raumes sollte man Thermostatventile übrigens nie ganz aufdrehen, sondern

auf die gewünschte Raumtemperatur einstellen. Das Thermostat öffnet die Leitung dann
so lange, bis die gewünschte Temperatur
erreicht ist. Wenn die Heizkörper gluckern,
müssen sie entlüftet werden. Dazu Heizung
aufdrehen und Entlüftungsventil öffnen.
Nun wird durch das nachlaufende Wasser die
Luft aus dem Heizkörper gedrückt. Sobald
Wasser aus dem Ventil kommt, schließen Sie
es wieder.

WASSERVERSORGUNG Behalten Sie die Wasserleitungen in Ihrem Haushalt immer gut
im Auge. Wenn es irgendwo tropft oder feucht ist, besteht dringender Handlungsbedarf.
Auf jeden Fall sollten Sie auch hier wissen, wo der Haupthahn ist und wie man Waschmaschine, Spülmaschine, Toilette und weitere Installationen von der Wasserzufuhr

abschneidet, vor allem, wenn Sie sich selbst an die Reparatur wagen. Im Prinzip kann man mit Saugglocke, Rohrzange, Schraubenschlüssel und Isolierband eine Menge selbst richten, doch bevor Sie sich ans Werk machen, sollten Sie sich genau informieren, wie Sie vorgehen müssen – entweder in der bunten Welt der Ratgeberliteratur, in einem Handwerkerkurs an der Volkshochschule oder im Baumarkt.

FROSTANFÄLLIGE WASSERLEITUNGEN In kalten Regionen benötigen Wasserrohre im Winter besonders viel Aufmerksamkeit, da sie bei hohen Minusgraden einfrieren können. Stellen Sie Gartenanschlüsse vor der Frostperiode ab, und lassen Sie das Restwasser auslaufen. Drehen Sie an gefährdeten Leitungen bei extremer Kälte den Kaltwasserhahn leicht auf: Wenn das Wasser in Bewegung ist, friert es nicht ein. Geben Sie außerdem abends eine Handvoll Salz in den Abfluss, damit die Leitung über Nacht nicht gefriert. Der beste Kälteschutz für freilaufende Rohre ist eine isolierende Ummantelung aus Kunststoff. Sind die Rohre trotz aller Vorsichtsmaßnahmen eingefroren, tut Eile not, da sie sonst brechen könnten. Drehen Sie den Hauptwasserhahn zu und alle von der Leitung gespeisten Hähne auf. Suchen Sie dann durch Abtasten der Leitung die gefrorene Stelle und wärmen Sie das Rohr dort mit Wärmflaschen oder einem Föhn. Sobald wieder Wasser aus den Hähnen rinnt, ist das Rohr aufgetaut. Prüfen Sie das Rohr nun direkt auf undichte Stellen. Sollten Ihre Bemühungen fruchtlos bleiben, müssen Sie den Klempner rufen. Der muss auch kommen, wenn das Rohr platzt. Sie können dann nichts weiter mehr tun, als den Hauptwasserhahn abzudrehen.

Tipp !

Wenn Sie regelmäßig Staub wischen, kann das die Lebensdauer von Elektrogeräten übrigens signifikant verlängern: Aufgrund der Wärme, die sie naturgemäß entwickeln, sind sie echte Staubmagneten. Und dringt Staub in ihr Innenleben, beeinträchtigt das ihre Kühlung. Das wiederum kann zu Beschädigungen der Elektronik führen und nebenbei auch noch Kurzschlüsse verursachen.

STROM Die Strominstallation ist im Normalfall deutlich wartungsärmer als die Wasser- und Gasinstallationen. Gibt's Probleme mit dem Strom, ist meist ein Endgerät – von der

Spülmaschine bis zur Glühbirne – schuld. Darum sollten Sie immer ein wachsames Auge auf Ihre Elektrogeräte haben. Schon kleine Fehlfunktionen können zu Kurzschlüssen oder sogar Bränden führen. Nehmen Sie schadhafte Geräte darum sofort vom Netz und überprüfen Sie, ob die Sicherung noch aktiviert ist (dazu müssen Sie natürlich wissen, wo der Sicherungskasten ist). Die einzelnen Sicherungen im Sicherungskasten sollten immer eindeutig beschriftet sein, sodass man sie den verschiedenen Stromkreisen im Haushalt zuordnen und diese gezielt unterbrechen kann, etwa zum Anbringen einer Lampe.

Vom sicheren Umgang mit Strom

☐ Dass Strom und Wasser sich nicht vertragen, ist eigentlich hinlänglich bekannt. Seien Sie also vorsichtig, wenn Sie im Bad und in der Küche mit elektrischen Geräten hantieren. Nehmen Sie außerdem elektrische Geräte unbedingt vom Netz, bevor Sie sie reinigen.

☐ Gefährlich und Ursache Nummer 1 für Zimmerbrände ist auch die Überlastung von Mehrfachsteckdosen: Eine Steckdose mit drei Eingängen ist auch nur für drei Geräte vorgesehen und nicht für eine unübersichtliche Reihenschaltung diverser Mehrfachsteckdosen mit einer Vielzahl von Endgeräten. In einem solchen Fall werden Mehrfachsteckdosen und Kabel warm und können die Inneneinrichtung in Flammen aufgehen lassen.

☐ Ein Kabel darf sich grundsätzlich nie warm anfühlen: Wenn das der Fall ist, müssen Sie sofort den Stecker ziehen.

☐ In Haushalten mit kleinen Kindern sollten Steckdosen selbstverständlich mit Kindersicherungen ausgestattet sein.

☐ Dass der Stand-by-Betrieb von Elektrogeräten immens viel Strom verbraucht, ist bekannt: Darum Geräte immer ganz ausschalten oder, falls das nicht möglich ist, Stecker mit Ein-/Ausfunktion zwischenschalten oder Stecker bei Nichtgebrauch rausziehen. Und wenn Sie ein neues Gerät kaufen, sollten Sie darauf achten, dass man es per Knopfdruck von der Stromversorgung trennen kann.

So geht's: Eine Lampe anschließen

Strom macht vielen Menschen Angst. Das führt oft dazu, dass neu gekaufte Lampen monatelang ein trauriges Dasein fern ihrer eigentlichen Bestimmung fristen, bis jemand aus dem Freundeskreis sich ihrer annimmt. Dabei ist es ganz einfach und ungefährlich, das Anschließen selbst in die Hand zu nehmen. Wichtig ist nur, dass Sie die Sicherung herausnehmen bzw. ausschalten und damit den betroffenen Stromkreis stilllegen, bevor Sie zur Tat schreiten.

WAS SIE BRAUCHEN

- Leiter
- Phasenprüfer
- kleiner Schraubenzieher

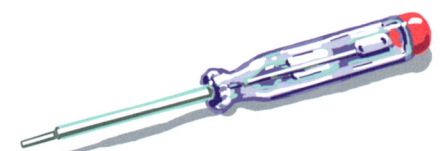

1 Gehen Sie zum Sicherungskasten und legen den Sicherungsschalter für das betreffende Zimmer um. Jetzt dürfte dort kein elektrisches Gerät mehr funktionieren.

2 Nun brauchen Sie die Leiter. Wenn Sie sich nicht sicher sind, ob Sie tatsächlich den richtigen Sicherungsschalter erwischt haben, halten Sie den Phasenprüfer nacheinander in die Löcher der Lüsterklemme (dabei Finger an den Knopf des Prüfers halten). Leuchtet der Prüfer, war's die falsche Sicherung.

3 Jetzt schauen Sie sich genauer an, wie viele Kabel aus der Leitung an der Decke kommen. Sind es zwei, handelt es sich um eines, das den Strom zur Lampe bringt (und das kann einem einen Schlag versetzen, wenn

Phasenprüfer

Ein Phasenprüfer ist ein kleiner Schraubenzieher mit einer Glimmlampe im Griff, auf dem oben ein kleiner Knopf sitzt. Mit diesem Gerät prüft man, ob Strom auf einer Leitung ist, ohne einen Schlag versetzt zu bekommen. Sie können das an einer funktionierenden Steckdose ausprobieren. Keine Angst, das ist nicht gefährlich. Also, Spannungsprüfer in ein Loch der Steckdose stecken und Finger auf den Knopf halten. Glimmt die Lampe, haben Sie das spannungsführende Kabel erwischt, glimmt er nicht, ist das das Kabel, das den Stromkreis schließt. Und genauso funktioniert's auch bei den aus der Decke kommenden Kabeln für die Lampe.

man die Sicherung nicht ausschaltet), und ein zweites, das den Stromkreis schließt. Das stromführende Kabel ist üblicherweise schwarz oder braun, das den Stromkreis schließende Kabel, der sogenannte Neutralleiter, ist in der Regel blau.

Handelt es sich um drei Kabel, gesellt sich zu den oben genannten Kabeln noch die Erde, auch Schutzleiter genannt, die als Sicherung dient. Dieses Kabel ist immer grün-gelb gestreift.

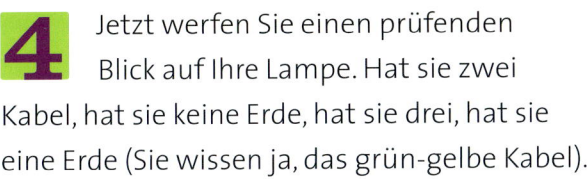

4 Jetzt werfen Sie einen prüfenden Blick auf Ihre Lampe. Hat sie zwei Kabel, hat sie keine Erde, hat sie drei, hat sie eine Erde (Sie wissen ja, das grün-gelbe Kabel).

Haben Sie es mit je zwei Kabeln zu tun, entsprechen deren Farben denen der Leitung in der Decke: blau und schwarz (oder braun). Daher ist's hier ganz einfach: gleichfarbige Kabel kommen zusammen (im Falle von je einem schwarzen und einem braunen Kabel kommen diese beiden aneinander), also Kabel in entsprechende Löcher der Lüsterklemme, festschrauben, fertig.

Ist Ihre Lampe schutzisoliert, besitzt sie kein Erde-Kabel, dann bleibt die aus der Decke kommende Erde frei. Kommen umgekehrt drei Kabel aus der Lampe und aus der Decke nur zwei, bleibt die Erde ebenfalls frei. Steht es drei zu drei, wird die Erde mit der Erde verbunden, und mit den beiden anderen Kabeln verfahren Sie wie gehabt. An die Erde darf immer nur eine Erde angeschlossen werden.

Kommen mehr als drei Kabel oder gar nur ein Kabel aus der Decke, wird die Angelegenheit komplizierter, und Sie lassen sich besser von jemandem helfen, der wirklich Ahnung davon hat.

5 Legen Sie nun den Sicherungsschalter um, damit wieder Strom fließt und Sie prüfen können, ob die Lampe auch funktioniert. Danach Lampe so aufhängen, wie Sie sich das wünschen, und freuen.

Kleine Reparaturen

Im häuslichen Alltag treten immer wieder kleine Probleme auf, die die Wohnung ungepflegt aussehen lassen oder Aufräumbremsen und damit potenzielle Chaosherde sind: Schraube geht nicht rein oder raus, Tür bleibt nicht auf oder zu, Regalbrett zu lang, Gardine zu kurz, Tisch wackelt, Schublade klemmt … Ganz häufig kann man sich in diesen Situationen selbst helfen.

GARDINE PASST NICHT MEHR Sie sind umgezogen und die alten Gardinen passen nicht auf die neuen Fenster? Hochwasser-Gardinen erhalten wieder Bodenkontakt, wenn Sie eine in Farbe und Material passende Bordüre oder Rüsche an die Unterkante nähen. Wer lieber ohne Schere kürzen will, schlägt am oberen Gardinenrand eine Rüsche ein oder näht Biesen ein. Ungeübte beauftragen mit diesen Arbeiten allerdings besser einen Fachmann.

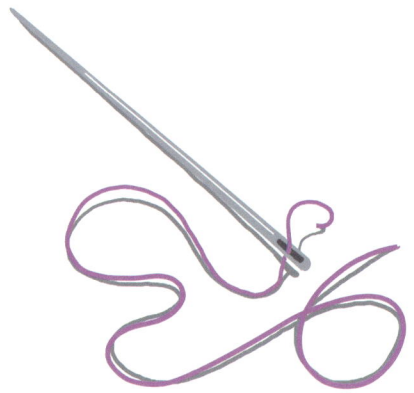

Tipp !

Es kann in der Tat viel Geld sparen, kleine Reparaturen selbst vorzunehmen, anstatt teure Handwerkerrechnungen zu bezahlen. ABER: Reparieren Sie nur, was Sie sich auch wirklich zutrauen, sonst wird's am Ende teurer … Reparaturen an Großgeräten wie Waschmaschine, Mikrowelle oder Spülmaschine sollten Sie Fachleuten überlassen. Bei allem anderen können Sie auch Freunde um Rat, Hilfe oder auch nur besseres Werkzeug bitten. Sollte schon absehbar sein, dass bestimmte Arbeiten immer wieder auf Sie zukommen werden – z. B. wenn Sie viele alte Möbel besitzen, die Sie nach und nach überarbeiten möchten, oder wenn Sie den Fußboden in allen Zimmern erneuern wollen –, besorgen Sie sich vorher Informationsmaterial, passendes Werkzeug und machen Sie am besten einen entsprechenden Kurs an der Volkshochschule. Auch Baumärkte bieten dies inzwischen vermehrt an.

TISCHE UND STÜHLE WACKELN Vermutlich ist ein Bein zu kurz. Hier haben Sie gleich zwei Möglichkeiten: Entweder Sie schneiden einen Korken auf das passende Format zurecht und befestigen ihn mit Kleber am Tischbein, oder Sie kaufen sich im Baumarkt Flüssigholz, geben es auf ein Stück Pergamentpapier und verpassen dem zu kurzen Bein ein Fußbad. Wenn das Flüssigholz getrocknet ist, schneiden Sie die überstehenden Ränder mit einer Rasierklinge ab und schleifen das Ganze sauber.

ES KLEMMT Um festzustellen, wo's an der Tür klemmt, trägt man farbige Kreide auf die Türkante auf und schließt die Tür: Die farbigen Markierungen am Rahmen zeigen, wo das Problem liegt. Nun die Tür entsprechend an den Angeln einstellen. Schiebetüren rutschen wieder, wenn man die Gleitflächen mit Bodenpolitur behandelt. Schwergängige Scharniere werden wie-

Tipp

Geeignetes Werkzeug für größere Reparaturvorhaben können Sie in verschiedenen Baumärkten leihen. Dort bekommen Sie auch gleich Tipps zum richtigen Umgang mit Material und Handwerkszeug.

der gefügig, wenn man die Drehgelenke mit Grafit (Bleistiftmine) behandelt. Dabei das Scharnier vor- und zurückbewegen. Klemmende Schubladen werden wieder beweglich, wenn man die Gleitflächen mit einer weißen Kerze bearbeitet.

BRANDLÖCHER IM TEPPICH Hier gibt's zwei Varianten, eine schnelle, besonders für kleine Löcher auch in gemusterter Auslegware geeignete und eine gründliche, die gut bei größeren Löchern in einfarbigen Teppichen funktioniert: Wer möglichst wenig Aufwand betreiben will, säubert den Rand des Brandlochs mit etwas Scharfem, etwa einer Rasierklinge, zieht dann mit einer Pinzette vom Brandloch aus einige Fäden raus, gibt Alleskleber in das Loch, legt die Fäden darüber und drückt sie an. Alternativ kann man den Brandfleck mit einem Locheisen ausstechen, aus einem Teppichrest den passenden Flicken ausstechen und mit Alleskleber in das Loch kleben. Dabei unbedingt die Florrichtung berücksichtigen.

PROBLEME MIT HOLZ(BÖDEN) Offene Fugen zwischen den Holzdielen kann man mit Pappmaschee selbst schließen: Zeitungspapier mit Tapetenkleister anrühren, die Masse in die Fugen füllen, trocknen lassen und abschmirgeln.

Bei knarrenden Dielen wird häufig Talkumpuder empfohlen. Das benutzen Sie besser nicht, denn der Puder ist gesundheitsschädlich. Klopfen Sie die Nägel lieber mithilfe eines Senkstifts wieder fest. Wenn das nicht hilft, Dielen mit langen Schrauben befestigen.

Sehr kleine Brandlöcher im Holz kann man mit Mayonnaise behandeln: Mayonnaise in das Löchlein geben, einwirken lassen und mit einem weichen Tuch nachpolieren. In schwereren Fällen die Brandspuren entfernen, an einer unauffälligen Stelle von Möbel (Unterseite) oder Boden (versteckter Winkel) feine Holzbrösel abschmirgeln und mit farblosem Lack in das Loch streichen.

Über unschöne Dellen in unbehandeltem Holz ein nasses Tuch legen und trocken bügeln. Danach sollten die Dellen verschwunden sein.

Damit Sperrholz beim Sägen nicht splittert, klebt man ein festes Klebeband auf die gewünschte Schnittstelle und sägt anschließend durch das Klebeband.

MIT DEM NAGEL IN DIE WAND Nägel schlägt man nicht gerade, sondern leicht schräg in die Wand. Ein Stück Klebeband auf der Wand verhindert, dass der Putz beim Einschlagen ausbricht. Nägel lassen sich leichter in eine Steinwand schlagen, wenn man sie vorher in Öl gelegt hat. Nägel, die nicht recht halten wollen, umwickelt man mit etwas feuchtem Zeitungspapier und schlägt sie wieder in die Wand. Sobald das Zeitungspapier trocken ist, sitzt der Nagel fest.

MIT DEM BOHRER IN DIE WAND Grundsätzlich schlägt man erst mit einem Nagel ein kleines Loch in die Wand, um dann dünn vorzubohren und anschließend in der gewünschten Größe. Gegen das Abrutschen des Bohrers hilft ein Stück Heftpflaster auf der Bohrstelle. Um die gewünschte Bohrtiefe sicher zu erreichen, Bohrer mit Klebeband auf der entsprechenden Länge markieren. Wer in die Decke bohrt, stülpt einen leeren Joghurtbecher oder aufgeschnittenen Tennisball als Staubfänger über den Bohrer.

PROBLEME MIT SCHRAUBEN Festgelackte Schrauben lösen sich, wenn man einen Schraubenzieher zum Beispiel über einer Kerze erhitzt, in die Kerbe steckt, abwartet, bis die Schraube auch warm ist, und dann dreht. Festgerostete Schrauben beträufelt man mit Öl, Cola oder Salmiakgeist. Ohne Bohrer lassen sich Schrauben leichter in Holz drehen, wenn man sie vorher in neutrale Seife taucht. Gegen das Abrutschen des Schraubenziehers die Spitze mit Kreide einreiben.

WANDLÖCHER SCHLIESSEN Hier gibt es mehrere Möglichkeiten: Wer Spachtelmasse im Haus hat, geht ganz konventionell vor. Schlecht organisierte Heimwerker schließen kleine Bohrlöcher mit (weißer) Zahnpasta oder zwirbeln ein Stück Papiertaschentuch zusammen, befeuchten es und stopfen es in das Loch. Überstehendes Papier so abreißen, das noch ein ca. 3 mm langer Zipfel aus dem Loch schaut, und mit dem Hammer festklopfen.

EINZELNE FLIESEN ERSETZEN Schnell ist's passiert: Ein schwerer oder spitzer Gegenstand knallt ungünstig auf den Badezimmerboden und schon ist eine Fliese gesplittert. Haben Sie noch passende Fliesen von der ursprünglichen Renovierung übrig, können Sie versuchen, den Schaden selbst zu beheben: Beschädigte Fliese vorsichtig mit einem Flachmeißel abtragen (ohne dabei die angrenzenden Fliesen zu zerkratzen). Fliesenreste und alten Fliesenkleber gründlich entfernen. Mit einem Zahnspachtel nun neuen Fliesenkleber auftragen, neue Fliese vorsichtig einfügen. Dabei – und das ist unter Umständen langwierig – darauf achten, dass die neue Fliese dieselbe Höhe einnimmt wie die Fliesen drumherum. Wasserwaage benutzen.

Weitere Tricks und Kniffe

- [ ] Saughaken halten besser an der Wand, wenn man sie mit Haarspray einsprüht oder mit Eiweiß bepinselt.

- [ ] Hart gewordene alte Pinsel werden wieder weich, wenn man sie in fast kochendes Essigwasser legt und anschließend mit Seifenlauge auswäscht.

- [ ] Nach dem Streichen werden die Hände wieder sauber, wenn man sie mit Kaffeesatz einreibt (und mit Wasser abspült). Oder man behandelt sie vor der Arbeit mit Paraffinöl, die Farbspritzer lösen sich dann spielend mit Wasser und Seife.

- [ ] Gips trocknet schneller, wenn man eine kräftige Prise Salz in die Masse gibt. Wer Zeit gewinnen will, gibt Geschirrspülmittel oder Weinessig zu.

- [ ] Kleine Lackschäden an Weißgeräten kann man prima mit Tipp-Ex ausbessern.

- [ ] Festsitzende Dübel zieht man mit einem Korkenzieher aus der Wand.

Für den Notfall

Man kann nicht für alles im Leben gewappnet sein, doch bei kleinen Notfällen ist eine gut sortierte Hausapotheke ein wertvoller Helfer. Die folgende Liste umfasst die von Apotheken im Allgemeinen empfohlene Basisausstattung, die auf Anzahl und Alter der Familienmitglieder abgestimmt werden sollte. Lassen Sie sich bei der individuellen Zusammenstellung im Zweifel in Ihrer Apotheke beraten.

FOLGENDE VERBANDMITTEL SOLLTEN IN JEDER HAUSAPOTHEKE VORHANDEN SEIN

- Dreiecktuch
- elastische Binden
- Mullbinden
- Verband-/Druckverbandpäckchen
- Verbandklammern und -sicherheitsnadeln
- Wundschnellverbände
- sterile Wundauflagen
- Verbandtuch für Wunden und Brandverletzungen
- Heftpflaster
- Pflasterstrips

AUSSERDEM DIE FOLGENDEN MEDIKAMENTE

- einfache Mittel gegen Schmerzen und Fieber (zum Beispiel Paracetamol oder Ibuprofen für Kinder und/oder Erwachsene)
- eventuell ein abschwellendes Nasenspray
- Mittel gegen Insektenstiche

- Salbe gegen Prellungen und Verstauchungen
- Gurgellösung gegen Beschwerden im Mund- und Rachenbereich
- Brand- und Wundgel
- Wunddesinfektionsmittel
- individuelle, persönliche Medikamente für die Dauerbehandlung chronischer Erkrankungen

AN HILFSMITTELN WIRD FOLGENDES EMPFOHLEN

- Einmalhandschuhe
- Hautdesinfektionsmittel
- Fieberthermometer
- wiederverwendbare Kühlkompressen
- Wärmflasche
- Verbandschere
- Pinzette
- Wattestäbchen
- Erste-Hilfe-Anleitung

Aufbewahren

- Da die Hausapotheke kühl, dunkel und trocken lagern muss, ist sie weder im Badezimmer noch in der Küche richtig aufgehoben. Geeignete Standorte sind Schlafzimmer oder Abstellkammer. Sorgen Sie dafür, dass Kinder keinen Zugriff auf den Inhalt haben. Gute Dienste leisten hier abschließbare Arzneischränkchen.

- Bewahren Sie die Arzneien in der Originalverpackung mit Beipackzettel auf, damit Sie nichts verwechseln und alle wichtigen Informationen immer gleich zur Hand haben. Vermerken Sie auf der Verpackung außerdem das Anbruchdatum, und sehen Sie Ihre Hausapotheke regelmäßig durch, um abgelaufene Medikamente gegebenenfalls auszutauschen.

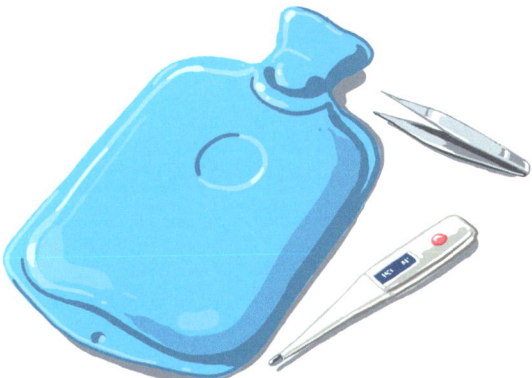

Die Kühlkompressen sollten Sie im Gefrierfach aufbewahren, damit sie bei Bedarf sofort verwendet werden können.

**Ebenfalls wichtig für etwaige Notfälle ist eine griffbereite Liste
mit den wichtigsten Notrufnummern:**

- Rettungsdienst/Feuerwehr: **112**
- Polizei: **110**
- Haus- und Kinderarzt beziehungsweise ärztlicher und zahnärztlicher (gegebenenfalls auch tierärztlicher) Notdienst
- Nummer der nächsten Giftnotrufzentrale
- Notrufnummern der Energieversorger (insbesondere Gasversorger)
- Apotheke
- nächste Verwandte oder Nachbarn
- Halten Sie außerdem den aktuellen Apothekennotdienstkalender bereit.

Notruf wählen

Wenn Sie den Notruf wählen, übermitteln Sie bitte folgende Informationen (5 x W):

- **Wo ist es passiert?**
  Genaue Ortsangaben: Straße, Hausnummer, Etage und der Name, wo geklingelt werden muss.

- **Was ist passiert?**
  Geben Sie möglichst genau an, ob es sich um eine Erkrankung, einen Unfall, ein Feuer, eine Explosion usw. handelt. Geben Sie Auskunft darüber, ob Menschen eingeklemmt oder verschüttet sind.

- **Wie viele Verletzte oder Erkrankte sind es?**
  Diese Informationen sind wichtig, damit die Rettungsleitstelle die Zahl der auszurückenden Kräfte und Fahrzeuge bestimmen kann.

- **Welche Verletzungen oder Erkrankungen**
  Diese Informationen helfen, auch wenn sie nicht sehr präzise sind, bei der Wahl der Rettungsmittel.

- **Warten auf Rückfragen!**
  Möglicherweise wurden in der Leitstelle nicht alle Angaben des Anrufers (vor allem die Ortsangabe!) deutlich verstanden. Darum ist es wichtig, dass Sie nicht sofort auflegen.

Schnelle Hilfe bei kleinen Verletzungen

■ **Verbrennungen** beim Kochen oder Backen sind typische Haushaltsverletzungen. Verbrannte Stelle sofort in kühles, aber nicht eiskaltes Wasser tauchen und mindestens 15 Minuten darin lassen. Anschließend auf keinen Fall Hausmittelchen wie Mehl oder Öl auftragen, sondern bei kleineren Verbrennungen höchstens eine Brandsalbe. Mit großflächigen Verbrennungen bitte nach dem Kühlen sofort zum Arzt oder einen Notarzt anrufen, damit schlimme Blasen und spätere Narben verhindert werden können.

■ Bei **Verbrühungen** durch heißes Wasser muss umgehend die durchtränkte Kleidung von der Haut entfernt werden. Danach wie bei Verbrennungen vorgehen.

■ Kleine **Schnittwunden** gehören ebenfalls zu den Verletzungen, die Sie zunächst selbst versorgen können. Wichtig: Die blutende Wunde bitte nicht berühren. Kurz bluten lassen, so werden Schmutz und Erreger gleich ausgespült. Stark verschmutzte Wunden vorsichtig mit klarem Wasser säubern. Kleine Splitter mit einer Pinzette entfernen. Stecken Glassplitter oder sonstiges tiefer in der Wunde, diese nicht selbst herausziehen, sondern einen Arzt aufsuchen. Wunde desinfizieren. Größere Wunden mit einer sterilen Kompresse bedecken und mit einer Mullbinde fixieren. Kleinere Wunden mit einem Pflaster bedecken.

■ **Platzwunden** haben häufig klaffende, raue Ränder, die hohe Infektionsgefahr bedeuten, ebenso wie großflächige **Schürfwunden,** die oft stark verschmutzt sind. Diese Wunden mit einer sterilen Kompresse abdecken und vom Arzt behandeln lassen.

■ **Vergiftungen:** Bei versehentlichem Trinken von Reinigungsmittel o. Ä. keinesfalls ein Erbrechen herbeiführen! Sofort den Notruf oder die Nummer der Giftnotrufzentrale wählen. Die Flasche mit dem verschluckten Reinigungsmittel bereithalten, um Fragen zu Inhaltsstoffen beantworten zu können.

■ Bei **Bisswunden** durch Haustiere besteht große Infektionsgefahr, daher sollten sie unbedingt von einem Arzt behandelt werden.

Register

Illustrationen

Matthias Bender, Trebur: S. 14, 37, 46, 55, 74, 90, 108, 122, 140, 159, 164, 180, 186
Hendrik Kranenberg, Drolshagen: alle übrigen Illustrationen
Tim Weiffenbach, Steinbach: S. 3, 8, 10, 16, 48, 63, 86, 97, 104, 110, 133, 148, 170, 192
Nataliya Yakovleva – Fotolia.com: S. 39

© Naumann & Göbel Verlagsgesellschaft mbH
Emil-Hoffmann-Straße 1
D–50996 Köln
Text: Ulrike Lowis
Redaktion: Antje Kober
Gesamtherstellung: Naumann & Göbel Verlagsgesellschaft mbH, Köln
Alle Rechte vorbehalten
ISBN 978-3-625-13611-8